Les Hauts Lieux de la Spiritualité

... Jésus répondit : « En vérité, en vérité, je te le dis, à moins de naître d'eau et d'Esprit, nul ne peut entrer au Royaume de Dieu...
... Le vent souffle où il veut, tu entends sa voix, mais tu ne sais ni d'où il vient ni où il va.
Ainsi en est-il de quiconque est né de l'Esprit... »

Évangile selon saint Jean, III, 5-8

Photo de couverture et pages précédentes, l'arrivée d'un groupe de pèlerins à Jahangira, petite île sur le Gange, pour la fête de Shivaratri en l'honneur du dieu Shiva.

Page 6, détail d'une sculpture provenant d'Ahicchatra et personnifiant le fleuve sacré. Le Gange est symbolisé par la cruche d'eau que la déesse tient dans sa main gauche.

LES HAUTS LIEUX DE LA SPIRITUALITÉ

L'édition française
de cette collection est publiée par
les Éditions Robert Laffont,
sous la direction de
Paul Saint-Yves.

L'édition originale de ce livre a paru
en Italie sous le titre
Gange. Il fiume sacro dell'India.

La version française
Le Gange. Fleuve sacré de l'Inde
est due à Gilles Ortlieb.

L'édition originale de la collection
intitulée « L'Universo dello Spirito »
a été publiée en langue italienne par
Arnoldo Mondadori Editore
Rédacteur en chef : Riccardo Mezzanotte
Assistant : Annibale Zana
Secrétaire de rédaction : Marcella Gafuri

Printed in Italy. ISBN : 2-221-50402-X

Les Hauts Lieux de la Spiritualité

Le Gange

Fleuve sacré de l'Inde

Texte de
Simon P.M. Mackenzie

Version française de
Gilles Ortlieb

Photographies de
Hitoshi Tamura

ROBERT LAFFONT

Sommaire

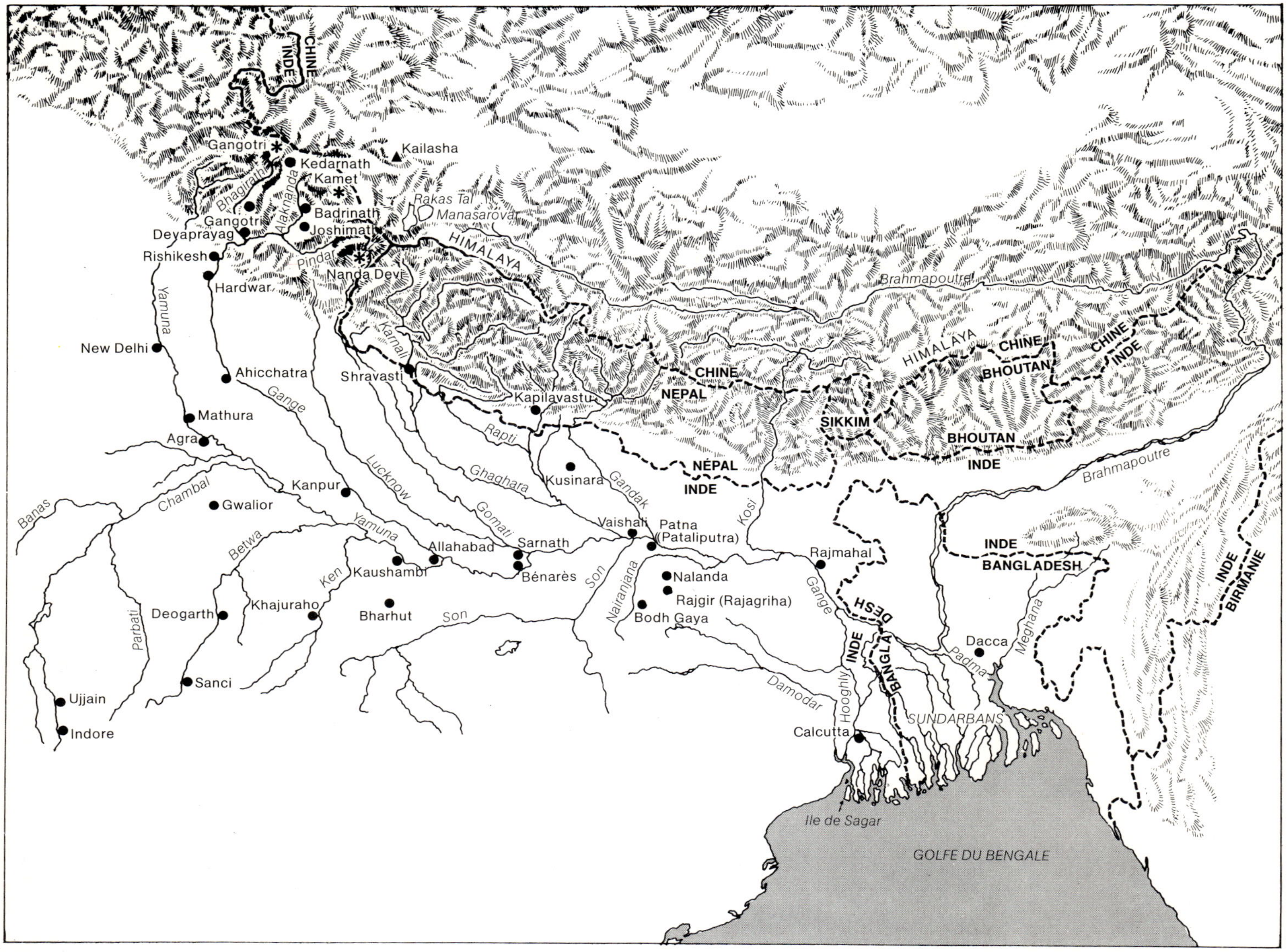
CHINE
INDE
Gangotri
Kailasha
Kedarnath
Kamet
Bhagirathi
Alaknanda
Rakas Tal
Manasarovar
Badrinath
Gangotri
Deyaprayag
Joshimath
HIMALAYA
Rishikesh
Pindar
Nanda Devi
Hardwar
Yamuna
Brahmapoutre
New Delhi
Karnali
HIMALAYA
CHINE
CHINE
INDE
Ahicchatra
Shravasti
CHINE
BHOUTAN
NEPAL
Gange
Kapilavastu
Mathura
SIKKIM
Rapti
BHOUTAN
Agra
NÉPAL
INDE
Brahmapoutre
Lucknow
Ghaghara
Kusinara
Gandak
INDE
Kosi
Kanpur
Chambal
Gwalior
Banas
Gomati
Vaishali
Patna
(Pataliputra)
Yamuna
Sarnath
INDE
Betwa
Allahabad
Rajmahal
BANGLADESH
Kaushambi
Bénarès
Son
Nalanda
Ken
INDE
BIRMANIE
Rajgir (Rajagriha)
Nairanjana
Gange
Deogarth
Khajuraho
Bharhut
Son
Bodh Gaya
DESH
Parbati
INDE
Dacca
Meghana
BANGLA
Padma
Sanci
Damodar
Hooghly
Ujjain
SUNDARBANS
Indore
Calcutta
Ile de Sagar
GOLFE DU BENGALE

Le fleuve sacré

Béni soit le Gange! Penser à lui supprime tout péché, le regarder conduit au paradis de Vishnu, et boire de son eau procure l'union avec Dieu.
(Narada Purana)

Puissé-je mourir sur tes rives, en buvant de ton eau, en me baignant dans tes flots, en méditant sur ton nom et en levant mes yeux sur toi.
(Gangashtakam, *Valmiki*)

Le Gange est le fleuve le plus sacré de l'Inde. Depuis l'Himalaya, où il prend sa source, jusqu'au golfe du Bengale où il se jette dans la mer après un trajet de deux mille sept cents kilomètres, son cours est jalonné d'innombrables temples, sanctuaires et lieux de pèlerinage. Les pèlerins affluent de toutes les provinces de l'Inde et l'eau du Gange est transportée ou expédiée aux quatre coins du pays pour servir aux rites religieux. On la boit lors des cérémonies de mariage ou des rites initiatiques des jeunes brahmanes. Au Bengale, on en asperge les abords des maisons, et les Hindous la considèrent comme l'eau sacrée par excellence pour toutes les purifications rituelles. Elle joue un rôle essentiel dans les rites funéraires, et c'est dans les eaux du Gange que l'on disperse les cendres des personnes incinérées. Il en a toujours été ainsi, aussi loin que l'on remonte le cours de l'histoire. L'empereur musulman Akbar ne buvait que de l'eau du Gange, en laquelle il voyait une eau d'immortalité, et s'en faisait envoyer en jarres scellées lorsqu'il devait se déplacer. Cette anecdote est confirmée par un pèlerin chinois du nom de Hsüan Tsang, qui visita l'Inde au VIIe siècle, et au IIIe siècle av. J.-C., lorsque l'empereur bouddhiste Ashoka envoya des missionnaires à Ceylan, il leur confia, entre autres présents pour le souverain de l'île, un morceau de l'arbre sacré de la Bodhi, ainsi qu'une outre contenant de l'eau du Gange. Ce fleuve occupe une telle place dans la spiritualité hindoue que l'on compte par milliers ceux qui viennent mourir sur ses rives, certains d'obtenir ainsi la bénédiction du ciel. Jadis, il n'était pas rare même que l'on vienne s'y suicider. On comprendra aisément, dans ces conditions, que le Gange ait donné naissance à une abondante mythologie, et qu'il ait inspiré nombre de sculptures et d'œuvres d'art.

Le cours du Gange

Le Gange prend sa source dans le glacier de Gangotri, au nord-ouest du subcontinent indien, à plus de 4 000 mètres au-dessus du niveau de la mer. L'eau jaillit d'une grotte à laquelle on a donné le nom de Gomukh, « la bouche de la vache », comme pour souligner la pureté et le caractère sacré du fleuve naissant. Le fleuve, qui coule alors à une altitude de 4 200 mètres, est connu sous le nom de la Bhagirathi. Mais certains situent la source du Gange plus haut encore dans les montagnes, à l'intérieur des frontières de l'actuel Tibet. A l'est de Gangotri, se trouvent les lacs jumeaux de Rakas Tal et de Manasarovar qui, à 4 600 mètres d'altitude, couvrent une superficie de 520 kilomètres carrés. Derrière eux culmine le pic de Kailasha, demeure supposée du dieu Shiva. Après avoir coulé à travers la chevelure du dieu, la rivière céleste fait trois fois le tour du Kailasha avant de se diviser en sept fleuves qui arrosent les quatre continents. L'un de ces fleuves prend la direction de l'Inde : c'est celui qu'on appelle Mandakini sur son parcours céleste, Bhagirathi sur la terre, et Bhogavati lorsque ses eaux s'engouffrent dans le monde souterrain. En Inde, d'innombrables sources et réservoirs seraient ainsi, selon la croyance populaire, alimentés par les eaux souterraines du Bhogavati. Jusqu'à la fermeture de la frontière du Tibet, des pèlerins n'hésitaient pas à entreprendre la pénible expédition jusqu'à Kailasha et Manasarovar, mais celle-ci n'est désormais plus possible. En fait, cette région de l'Himalaya donne naissance aux quatre grands fleuves de l'Inde septentrionale, l'Indus, la Yumuna, le Gange et le Brahmapoutre. La Yamuna prend sa source à Jamunotri, à l'ouest de Gangotri, c'est-à-dire plus haut encore dans les montagnes. On trouve d'ailleurs dans cette ville un temple contenant les effigies de Ganga, Yamuna et Sarasvati, qui sont les trois déesses du fleuve. Le Gange proprement dit est formé par la confluence de cinq cours d'eau, et comme chacun de ses confluents est sacré, on comprendra que la région tout entière revêt, aux yeux des Hindous, un caractère particulièrement vénérable. Le premier affluent de la Bhagirathi est la Mandakini, qui prend sa source au pied du Kedarnath, sommet situé à 6 400 mètres d'altitude. A partir de là, une route mène à Joshimath et à Badrinath. Le premier de ces villages abrite un monastère fondé par Shankara Acharya, réformateur et grand penseur religieux qui vécut probablement au cours de la première moitié du IXe siècle. Le temple de Joshimath est d'ailleurs étroitement lié à celui de Badrinath, et le prêtre qui y officie est lui-même originaire du Kerala, province natale de Shankara. C'est l'un des quatre monastères qu'il fonda aux quatre coins de l'Inde afin de propager sa foi à travers le continent, les trois autres étant situés à Somnath dans l'ouest, à Puri dans l'est, et à Kanyakumari dans le sud. Plus loin sur la route se trouve Badrinath, que Vishnu aurait élu comme lieu de méditation, ce dont témoigne une statue très ancienne de lui, d'origine peut-être bouddhique, conservée dans le temple de la ville. C'est là également que se trouvent les sources chaudes de Taptakund, où les pèlerins ont coutume de faire cuire leur riz et leurs légumes en les nouant simplement dans un morceau d'étoffe et en les plongeant dans l'eau. C'est là aussi, entre les pics jumeaux de Nara et de Narayana, que le premier homme,

Manu, aurait mis pied à terre après avoir été sauvé du déluge. Ces deux montagnes, hautes de près de 6 000 mètres, sont consacrées à Vishnu qui aurait porté secours à Manu en prenant la forme d'un poisson. On peut, de là, apercevoir le sommet du Nilakantha, qui se détache à 6 600 mètres d'altitude. Au sud-est de Badrinath, sur les versants du Nanda Devi (7 817 mètres), sourdent les eaux du Rishiganga qui, après s'être uni au Dhauliganga, se jette dans l'Alaknanda au sortir de Joshimath. L'Alaknanda s'unit à la Bhagirathi à la hauteur de Devaprayag, et cette confluence, sacrée entre toutes, marque véritablement la naissance du Gange. Il coule alors à 670 mètres au-dessus du niveau de la mer, à 56 kilomètres de Rishikesh, que l'on peut considérer comme la capitale de la région. Cette région fait l'objet d'une vénération particulière et, de mai à septembre, lorsque les routes sont praticables, elle regorge littéralement de pèlerins. Certains *sadhus,* ou saints hommes, vivent toute l'année dans les collines avoisinantes, mais la plupart d'entre eux résident à Rishikesh, dans les ermitages ou dans des grottes parfois dotées d'électricité et d'un certain confort. Ensuite, à partir de Hardwar, qui porte également le nom de Gangadwar, « la porte du Gange », le fleuve entre dans la région des plaines. Avec Gangotri, la Prayag d'Allahabad, et l'île de Sagar, située à l'embouchure du fleuve, Hardwar représente l'un des quatre lieux saints les plus vénérés sur les rives du Gange. La ville porte également le nom de Haridvara, « la porte de Hari » (Vishnu), pour les adeptes de Vishnu, et de Haradvara, « la porte de Hara » (Shiva), pour les fidèles de ce dernier. Elle est célèbre pour son Ghat Har-ki-Pairi, où des marches conduisent aux berges du fleuve, à l'endroit où Vishnu aurait laissé l'empreinte de son pied. Deux temples y ont été bâtis, l'un en l'honneur de Vishnu et de son épouse, l'autre en celui de Ganga et de Lakshmi, déesse de la prospérité. Les pèlerins y viennent de toutes les régions de l'Inde, ainsi qu'à Rishikesh, pour prendre de l'eau du Gange, qu'ils rapportent chez eux. Cette ville est l'un des quatre sites où se déroule la cérémonie du *Kumbh Mela,* fête qui se célèbre à tour de rôle, et tous les trois ans, à Hardwar, Ujjain, Allahabad et Nasik. La légende veut en effet que quelques gouttes de *soma,* ou liqueur des dieux, se soient échappées de la jarre, ou *kumbh,* qui la contenait pour tomber sur chacune de ces villes. Le *Kumbh Mela* se déroule au mois de *magh* (de janvier à février), lorsque le soleil entre dans le Capricorne selon le calendrier indien, et il prend tous les douze ans un caractère particulièrement solennel. Alors, des milliers et des milliers de fidèles se rassemblent pour se baigner dans les eaux du Gange au moment où la conjonction des astres est la plus favorable.

Le fleuve poursuit ensuite sa course à travers la plaine gangétique jusqu'au golfe du Bengale. Son bassin est délimité, au nord, par la chaîne himalayenne du Garhwal, au sud par les monts Vindhya de l'Inde centrale, à l'ouest par le désert du Rajahstan et, à l'est, par les collines qui séparent le Bengale de la Birmanie, ce qui représente au total plus d'un million de kilomètres carrés. Du nord de la plaine à la mer, la différence de niveau atteint à peine 229 mètres : d'Allahabad au Bengale, la déclivité n'est en effet que de 14 centimètres par kilomètre, lesquels se réduisent à 10 centimètres par kilomètre des frontières du Bengale à Calcutta, et elle devient quasiment insignifiante de Calcutta à l'embouchure. On a néanmoins calculé que le volume du Gange, à Rajmahal, pouvait atteindre 280 000 mètres cubes par seconde durant la période de la mousson.

Le cours du Gange a souvent varié au cours des siècles, exposant certaines cités riveraines aux inondations ou à l'assèchement. Gaur, ancienne capitale du Bengale, dut ainsi être plusieurs fois abandonnée puis repeuplée selon les caprices du fleuve, dont dépendait le commerce de la ville. Dans la région du Gange et de la Yamuna, le Doab, Hastinapura, ville florissante durant la première moitié du premier millénaire av. J.-C., fut vraisemblablement abandonnée lorsque le fleuve changea son cours.

Le Gange baigne ensuite Allahabad, ville sacrée entre toutes puisqu'elle est située au confluent du Gange et de la Yamuna. On l'appelle aussi *Triveni,* ou triple confluent, car on prétend qu'à l'endroit où s'unissent les deux fleuves, les vrais fidèles peuvent également apercevoir les eaux de la Sarasvati, autre fleuve sacré qui irait se perdre beaucoup plus à l'ouest, dans le désert. Sur la rive du fleuve, se dresse à cet endroit un banian particulièrement vénéré, le « banian immortel », déjà mentionné par Hsüan Tsang qui rapporte avoir été frappé par le nombre des ossements entassés au pied de l'arbre. La foi hindoue veut que tout pécheur qui meurt à Bénarès n'aille pas en enfer, mais directement au paradis, par la grâce de Shiva. Cela est vrai de presque chaque *tirtha,* ou lieu de pèlerinage, en Inde. Autrefois, ceux qui étaient trop jeunes pour attendre la mort à la Prayag d'Allahabad pouvaient se suicider sur place afin d'obtenir la bénédiction divine. Certaines inscription font état de suicides commis dès le VIe siècle de notre ère, et telle est sans doute l'explication des ossements mentionnés par Hsüan Tsang. Au VIe siècle, le roi Kumaragupta III choisit ainsi de s'immoler par le feu tandis que, quatre siècles et demi plus tard, le roi Gangayadeva et ses cent épouses se laissèrent mourir d'inanition dans les branches du banian sacré. Le roi Dhanga Chandella périt noyé dans le fleuve en méditant sur Rudra et en prononçant son nom; mais il y avait encore d'autres manières de mettre fin à ses jours, comme de se dépecer vivants ou de se plonger la tête dans l'eau jusqu'à l'asphyxie. A l'embouchure du Gange, certains fidèles entraient dans la mer, en méditant sur leurs péchés, dans l'espoir d'être dévorés par les requins. Seul, le suicide commis dans ces conditions n'avait rien de blâmable au regard de la religion. En fait, c'était l'un des moyens les plus sûrs et les plus accessibles à tous, sans distinction, d'atteindre à la félicité divine.

Située en aval d'Allahabad, Bénarès est sans doute la ville la plus sainte de l'Inde. Fondée au VIIIe siècle av. J.-C., elle devint la capitale d'un royaume célèbre du vivant de Bouddha, soit au Ve siècle av. J.-C. Selon la tradition bouddhiste, l'une des incarnations les plus vénérées de Vishnu, Rama, aurait été roi de Bénarès; selon la tradition hindouiste, en revanche, Rama aurait régné sur la ville d'Ayodhya. Le centre religieux de Bénarès est constitué par le Dasashvamedha Ghat, large escalier qui mène au fleuve et consacré aux dix chevaux que le dieu créateur, Brahma, y aurait sacrifiés afin d'instaurer sa souveraineté universelle. Ce sacrifice mythique devait par la suite inspirer l'*ashvamedha*, c'est-à-dire un sacrifice *(medha)* de chevaux *(ashva)* auquel procédaient les rois de l'Inde védique pour s'assurer de leur emprise sur la foule de leurs sujets. La cérémonie, qui pouvait se prolonger plusieurs jours, consistait en l'étouffement d'un cheval que l'on dépeçait ensuite pour en offrir les morceaux à Brahma, en souvenir du premier sacrifice qui lui avait permis de créer le monde. Pas moins de 692 temples ont été bâtis aux alentours immédiats du Dasashvamedha Ghat, soit plus de la moitié des quelque 1 500 temples qui font l'orgueil de Bénarès. Mais aucun de ces temples n'est antérieur au XVIIIe siècle, la ville, comme du reste toute l'Inde du Nord, ayant été ravagée à plusieurs reprises par les rois musulmans entre le XIe et le XVIIe siècle. Il fallut attendre le règne des Maratha pour que les temples puissent être reconstruits. Tous les édifices de Bénarès sont donc contemporains ou postérieurs à cette époque, y compris les *ghats*, ou escaliers, qui mènent au fleuve et au-dessus desquels se dressent des palais élégants, des hospices de charité ou des bâtiments aussi célèbres que l'observatoire du roi rajpu Jai Singh. Les pèlerins qui viennent à Bénarès se baignent dans le Gange aux premières heures du jour; le soir, ils font flotter à la surface du fleuve de minuscules barquettes faites de feuilles sur lesquelles ils allument des veilleuses qui symbolisent leurs prières. La ville a un périmètre de 56 kilomètres, et les pèlerins en font le tour en six étapes d'une journée chacune. Bienheureux, dit-on, ceux qui trouvent la mort en accomplissant ce rite. Durant leur visite de la cité sainte, les pèlerins les plus fortunés font souvent don de sommes considérables aux œuvres de charité. A dix kilomètres de Bénarès se trouve Sarnath, localité chère au cœur de tous les bouddhistes puisque c'est là, dans le parc des Gazelles, que le Bouddha a prononcé son premier sermon devant cinq disciples, mettant ainsi en branle la Roue de la Loi. C'est également à Sarnath, et sans doute en souvenir de la première communauté de moines fondée par le Bouddha, que fut érigé plus tard un célèbre monastère. Sarnath est l'un des centres de pèlerinage les plus importants du bouddhisme, avec le lieu de naissance du Bouddha, celui de sa mort, et Bodhgaya, où il passa sept semaines à méditer sous le figuier de l'Illumination. On peut encore y admirer un immense *stûpa* et une colonne érigés au IIIe siècle av. J.-C. par l'empereur Ashoka.

Plus bas sur le Gange, se trouve Patna, capitale du Bihar, autrefois connue sous le nom de Pataliputra; c'était alors la capitale de l'empire maurya, qui devint sous le règne d'Ashoka le plus grand État indigène que l'Inde eût jamais connu. La ville était en cours de construction lorsque le Bouddha s'y arrêta avant de poursuivre sa route vers Papa, au nord-ouest, où il mourut. Mais son enseignement eut une influence considérable dans toute la région. Le Bouddha séjourna également à Vaishali, au nord de Patna, et à Rajagriha. Non loin de là, se trouve encore la localité de Nalanda, qui abrite aussi l'une des universités bouddhistes les plus célèbres, et l'un des plus fameux monastères de l'Inde. Fondée dans la seconde moitié du IVe siècle de notre ère par un roi gupta, Nalanda fut, jusqu'à sa destruction par les musulmans en 1199, fréquentée par des milliers de maîtres et d'étudiants, venus de l'Inde entière, mais aussi de la Chine, de la Mongolie, de la Corée ou du Tibet. On la considère généralement comme le centre de l'école du Grand Véhicule *(Mahayana)*, même si l'enseignement qui y était dispensé se laissa de plus en plus influencer par le bouddhisme tantrique. Bodhgaya, situé pour sa part sur l'un des affluents du Gange, la Nairanjana, est l'un des autres hauts lieux du bouddhisme, puisqu'on peut encore y voir le figuier de l'Illumination *(Bodhi)*, au pied duquel le Bouddha eut, au terme d'une longue méditation, la révélation des

Quatre Nobles Vérités *(arya satyani)* et de la Roue de la Loi, ou *Dharma*. Distante d'une douzaine de kilomètres à peine de Bodhgaya, Gaya est un lieu de pèlerinage plus spécialement dédié à Vishnu, en souvenir du pouvoir que celui-ci accorda aux hommes de rompre le cycle des renaissances. Il s'y déroule chaque année une imposante cérémonie, la *shradda*, à laquelle participent des milliers et des milliers de pèlerins hindouistes, désireux d'obtenir la délivrance définitive des esprits de leurs ancêtres. Ces rites, d'origine très ancienne, remontent vraisemblablement à l'époque du Mahabharata. Le Gange prend ensuite la direction du nord, pour baigner les berges d'Uttara Bahini, où il est particulièrement révéré. On peut, de là, apercevoir l'île de Jahangira, qui dresse ses pentes escarpées et couvertes de bas-reliefs au milieu du fleuve, et que surmonte le temple de Gaibinath. A Colgunj, émerge une autre île, aujourd'hui peuplée d'ascètes, mais qui fut autrefois le berceau de la secte des Thugs; ces adorateurs de la déesse Bhavani s'attiraient les faveurs de leur idole en sacrifiant un grand nombre de pèlerins et de voyageurs, et il fallut attendre l'intervention des Britanniques, dans les années 1830, pour qu'il soit mis fin à leurs activités. Hsüan Tsang lui-même nous rapporte qu'il fut capturé, onze siècles plus tôt, par des membres de la secte et qu'il ne dut son salut qu'à un brusque changement de temps, qui fut interprété par les Thugs comme un signe du ciel.

A son entrée dans le Bengale, le Gange se divise en deux : l'un des bras, le plus important, est constitué par la Padma qui coule en direction du sud-est à travers le Bangla Desh avant de s'unir au Brahmapoutre pour former la Meghana. Le bras occidental, le Hooghly, va de son côté se jeter dans la mer au terme d'un trajet de 480 kilomètres qui lui fait traverser, entre autres, la ville de Calcutta. La région située entre les deux bras du fleuve est d'abord très fertile, mais le delta est surtout constitué de *sundarbans*, marécages insalubres où vivent encore des tigres du Bengale. Le delta est très vaste, mais l'on considère que l'embouchure du Gange se trouve à son extrémité méridionale, en face de l'île de Sagar, où l'on célèbre la réunion du fleuve sacré et de l'océan au cours d'une fête intitulée la *Gangasagara Mela*. S'il faut en croire une prophétie du sage Pulastya, quiconque se baigne en ces eaux a de grands bienfaits à attendre du ciel, et bien que le voyage soit pénible, voire dangereux, des foules immenses s'y pressent chaque année. Mais le plus saint de tous les pèlerinages reste encore le *pradakshina*, qui consiste à longer le fleuve depuis sa source jusqu'à l'île de Sagar, puis à refaire le chemin en sens inverse. De nombreux pèlerins effectuent ce voyage à pied, en se prosternant longuement à chaque station, et l'expédition ne leur prend pas moins de six années.

Mythes et symboles

Le caractère sacré du Gange se trouve constamment exprimé dans la mythologie hindoue, et plusieurs familles de mythes s'y réfèrent. Il existe deux versions de la descente du fleuve sacré, l'une rendant honneur à Vishnu, l'autre à Shiva. Mais elles ne sont pas incompatibles entre elles, et le Gange est souvent représenté comme coulant du pied de Vishnu à la chevelure de Shiva, avant de descendre sur la terre.

La cosmogonie indienne primitive avait coutume de représenter le monde sous la forme d'un œuf, la calotte supérieure représentant le monde céleste, la partie inférieure le monde terrestre, tous les deux étant séparés par l'atmosphère. Il aurait suffi à Vishnu de trois enjambées pour prendre la mesure de ces trois mondes, qu'il aurait ainsi conquis pour les dieux et les hommes. Cette idée est développée dans le mythe de son incarnation, ou *avatar*, en la personne de Vamana, le nain, vainqueur du démon Bali. S'étant présenté devant ce dernier, Vamana lui demanda en effet que lui soit accordé autant de terre qu'il pourrait en parcourir en trois pas. Bali accéda volontiers à cette requête, mais Vishnu retrouva ses dimensions cosmiques et il enjamba l'univers en deux pas, contraignant Bali à s'aplatir par terre pour lui permettre d'accomplir le troisième. De l'ongle de son orteil gauche, Vishnu creusa alors un trou dans la coquille du monde, et les eaux cosmiques firent irruption sur la terre. Elles coulèrent jusqu'au mont Meru, où elles se divisèrent pour former les sept fleuves qui irriguent le monde. Ce mythe trouve sa pleine expression dans le *Rig Veda*, suite de poèmes composés à la gloire des dieux védiques au début du 1er millénaire avant notre ère, et qui est incontestablement le texte religieux le plus ancien de l'Inde. Le poète y évoque longuement « le puits de nectar et de miel » qui se trouve « au plus haut du ciel de Vishnu », et auquel il aspire à se rendre après sa mort. C'est de là que viendrait le nectar d'immortalité que le fleuve céleste déverse sur la terre. Les statues à l'effigie de Vishnu comportent souvent, sur le pied gauche, une légère cavité que les fidèles remplissent d'eau sacrée, laquelle est utilisée à des fins religieuses.

La version concernant Shiva est plus complexe. Elle rapporte que le roi Sagara avait deux épouses, mais pas de fils. Sagara fit pénitence au mont Meru, et le sage Bhrigu décida d'exaucer son vœu en lui promettant un fils de sa première femme, et soixante mille de l'autre. En temps voulu, la seconde épouse donna le jour à une calebasse qui contenait soixante mille graines mâles, que les servantes déposèrent dans des pots de beurre et qu'elles entourèrent de tous leurs soins jusqu'à ce qu'elles donnent naissance à de beaux fils. Alors, le roi décida de procéder au sacrifice du cheval, qui devait le consacrer définitivement empereur de l'univers. On donna la liberté à un étalon, qu'on laissa vagabonder pendant un an en le faisant suivre par une escorte armée. Toutes les terres qu'il traversait revinrent au roi, et les opposants devaient faire valoir leurs droits en se mesurant à l'escorte. Mais, alors que le roi Sagara passait pour un monarque sage et bon, les dieux en vinrent à craindre qu'il ne les surpassât en pouvoir si le sacrifice était accompli. Le roi des dieux, Indra, vola donc le cheval et le cacha dans l'océan, qui était alors à sec. Sagara envoya ses soixante mille fils à sa recherche et, dans leurs efforts pour le retrouver, ceux-ci creusèrent une immense tranchée qui les mena jusqu'au monde souterrain. Le cheval fut par la suite retrouvé dans l'ermitage du sage Kapila Muni. Les fils de Sagara voulurent aussitôt s'en emparer, ce qui provoqua la colère du sage, et ils furent tous réduits en cendre par une flamme gigantesque. Dépêché sur place, le dernier fils réussit à s'attirer les faveurs du sage, qui lui remit le cheval du sacrifice en le prévenant toutefois que les portes du ciel ne s'ouvriraient pour ses demi-frères que le jour où leurs cendres seraient lavées dans les eaux du fleuve céleste Ganga. Cette tâche s'avéra trop ardue pour Sagara et ses descendants, et seul son arrière-petit-fils, Bhagiratha, parvint à obtenir du dieu Brahma, à force de pénitences, qu'il exauçât sa prière. Mais le dieu avertit Bhagiratha que le fleuve céleste fracasserait la terre s'il n'était pas domestiqué par Shiva. D'autres pénitences permirent à Bhagiratha d'obtenir le consentement de Shiva, et le fleuve descendit du ciel sur la terre. Courroucé cependant par l'attitude de Shiva, qui prétendait pouvoir arrêter son cours, il décida de l'emporter aux enfers, mais le dieu parvint à l'emprisonner dans une boucle de ses cheveux. Par la suite, Shiva prit pitié de Bhagiratha et il relâcha le Gange, qui s'enroula trois fois autour du mont Meru avant de donner naissance aux sept fleuves du monde. C'est ainsi que le Gange se déversa du ciel, à la grande joie des dieux, des sages, de toutes les créatures célestes ou terrestres. Puis Bhagiratha conduisit le fleuve jusqu'à la mer. Or, en chemin, il dérangea le sage Jahnu, qui était en prières, et celui-ci, dans sa colère, but le fleuve. Mais les dieux apaisèrent le sage, qui fit du fleuve sa fille adoptive, ce qui explique que le Gange soit également appelé Jahnavi ou même Bhagirathi, en mémoire du descendant de Sagara. Enfin, le Gange alla se jeter dans l'océan en remplissant l'immense fossé creusé par les fils de Sagara et en arrosant leurs cendres, et ceux-ci connurent enfin la béatitude céleste.

Sur les effigies de Shiva, le Gange est souvent représenté dans la chevelure du dieu ou debout à sa droite, tandis que Parvati, l'épouse de Shiva, se tient à sa gauche. On estime souvent que Parvati était jalouse de Ganga, pour les égards que Shiva manifestait à cette dernière. Mais Parvati, fille de l'Himalaya, est également considérée comme la sœur de Ganga, qui prend sa source dans la même chaîne de montagnes. De ce fait, Ganga se trouve affiliée aux trois divinités suprêmes de l'hindouisme : Vishnu, Shiva et Devi, la déesse, qui n'est autre que Parvati.

Dans cette version de la descente du Gange, le fleuve est également associé au *soma,* ou nectar d'immortalité. Les Aryens védiques, peuplade indo-européenne qui pénétra sans doute en Inde aux alentours du 1er millénaire av. J.-C., et qui composa le texte le plus sacré de l'hindouisme, le *Veda,* avaient coutume de boire de cette boisson fermentée à chacune de leurs cérémonies religieuses. Le *soma,* aliment des dieux et des esprits des ancêtres défunts, était en effet censé conférer la divinité, voire l'immortalité, à quiconque l'offrirait en sacrifice. La légende veut également que la lune contienne de ce nectar, et qu'elle décroisse lorsque les dieux en boivent. Il y a ainsi deux manières de parvenir à la demeure des dieux : la « voie des ancêtres », qui passe par la lune, et la « voie des dieux » qui mène, en passant par le soleil, à la béatitude éternelle. Tout comme le Gange, le croissant de lune est souvent représenté dans la chevelure de Shiva, et l'on retrouve là la version vishnouite du mythe, qui fait du Gange l'équivalent d'un nectar céleste, tandis que la version shivaïte établit une relation beaucoup plus étroite avec la purification et les rites funéraires.

L'autre grand mythe attaché au Gange illustre surtout sa capacité à donner la vie. A l'époque où le monde était oppressé par le démon Taraka, qui disposait d'un pouvoir quasiment invincible, les dieux apprirent que seul un fils de Shiva pourrait renverser sa tyrannie. Or, après le suicide de sa première épouse, Shiva s'était retiré dans les montagnes où il menait la vie chaste d'un *yogi,* et les dieux perdirent tout espoir de voir se réaliser la prophétie. Même Kama, le dieu de l'amour, fut réduit en cendres lorsqu'il essaya de lui décocher une de ses flèches. Seule, Parvati sut se gagner le cœur de Shiva en pratiquant l'ascétisme, et ils finirent par se marier. Mais les dieux ne tardèrent pas à s'impatienter : trouvant que les préludes amoureux entre les deux époux se prolongeaient trop, ils dépêchèrent Agni, le feu, afin de se rendre compte sur place. Celui-ci prit la forme d'un pigeon et il entra dans la chambre de Shiva au plus fort de leurs ébats. Alors Shiva lâcha sa semence dans la bouche d'Agni, et il l'engrossa ainsi que les autres dieux. Brûlés par la puissante semence, les dieux allèrent la rejeter dans le Gange, qui, à son tour, la déposa dans un banc de roseaux. Là, elle féconda les épouses des Sept Sages qui étaient venues se baigner, et qui donnèrent naissance au dieu Skanda, tandis que le reste de la semence était transformé en or. Ce mythe met en valeur l'aspect maternel du Gange, et l'on y trouve aussi le thème du feu brûlant au milieu des eaux, d'où l'or serait issu.

Ces mythes permettent de relever deux aspects du Gange. Le premier a trait à la purification. La vie d'un Hindou est gouvernée par des rites immuables, depuis le moment de sa conception jusque longtemps après sa mort. L'un des mobiles essentiels de ces rites est la purification : le Livre de la loi de Manu, recueil de préceptes religieux qui font autorité, insiste sur le fait que l'homme doit se débarrasser de la souillure du sperme et de la matrice. L'homme est souillé par nature, et il doit donc se purifier s'il veut approcher l'immortel. Depuis les temps les plus anciens, le bain a toujours été en Inde l'une des principales formes de purification. Avant d'accomplir un sacrifice védique, il fallait parfois jeûner très longtemps, observer une continence absolue et revêtir des vêtements spéciaux. C'est seulement à l'issue de ces préparatifs que l'on pouvait se purifier par le bain et approcher le lieu du sacrifice, où le monde divin exerçait son pouvoir. Aujourd'hui encore, le bain fait partie intégrante de la plupart des rites hindous, qu'il s'agisse du mariage, de la cérémonie d'initiation des jeunes brahmanes ou, pour les jeunes hommes, de la fin de leur période d'études auprès d'un *guru,* qui marque leur accession au titre de *snataka,* c'est-à-dire « celui qui s'est baigné ». De la même façon, le bain et le jeûne permettent de se purifier de toutes les contaminations comme le contact avec un chien ou une substance impure. Les Hindous se baignent le matin, pour se débarrasser des souillures du sommeil, et également avant d'approcher les dieux. Après la mort, les cendres des défunts sont jetées dans un fleuve, de préférence dans le Gange, et les parents les plus proches terminent leur période de deuil par un bain. Enfin, lors des cérémonies religieuses, les Hindous modèlent des statuettes d'argile qu'ils décorent de lumières, d'encens ou de fleurs et qui, après avoir été consacrées et honorées pendant un jour ou davantage, sont conduites en procession avec de la musique et des danses jusqu'à une rivière ou un réservoir, où elles sont plongées dans l'eau, puis abandonnées. Alors, l'esprit divin peut les quitter, car elles ont perdu leur caractère sacré.

L'autre thème digne d'attention est celui du feu brûlant au milieu des eaux, illustré par le mythe de la semence ardente de Shiva. Le feu était au centre de tous les rites védiques, et chaque maison possédait un foyer devant lequel étaient déposées des offrandes quotidiennes. Ce feu était en effet considéré comme un principe créateur, et le dieu du feu était tout à la fois le prêtre des dieux et l'initiateur du monde. Car c'est sur lui, pensait-on, que reposait la chaleur de la vie dans les plantes comme dans tous les êtres vivants. Pour les *Upanishads,* qui sont les premiers textes philosophiques inspirés par l'hindouisme, le feu est une force créatrice au même titre que l'eau. Les poèmes védiques précisent bien qu'Agni, le feu, est le « petit-fils des eaux ». De même, le feu qui anéantira le monde au jour du jugement dernier est-il soigneusement conservé au fond de l'océan. Cette idée trouve une confirmation concrète dans l'éclair qui jaillit des nuages par temps d'orage. Ainsi l'eau n'est-elle pas seulement créatrice en soi, mais elle abrite aussi cette autre grande force créatrice qu'est le feu.

A l'époque où le *Veda* fut composé, les premiers Aryens ne s'étaient pas encore aventurés loin du Pendjab et ils ne possédaient donc qu'une connaissance incomplète du Gange. Pour eux, le principe de l'eau avait nom Sarasvati, qui était celui du fleuve sacré qui traversait les trois mondes de leur système cosmique. Sarasvati, qui représentait toutes les eaux, avait un rôle universel. Le savant français Georges Dumézil a montré que les Indo-Européens, dont les Aryens faisaient partie, interprétaient le monde à la lumière d'une idéologie tripartite. Sur la terre comme au ciel, il n'y avait rien qu'on ne pût ranger dans une de ces trois catégories : le pouvoir religieux et la souveraineté magique, la puissance militaire et la force, et enfin la fertilité, la prospérité et la richesse. A l'échelle de la société humaine, ces trois catégories étaient représentées par les prêtres, ou un prêtre-roi, les guerriers, et puis ceux qui vivaient de l'élevage, de l'agriculture, etc. A l'échelle divine, ces fonctions étaient l'attribut des différents dieux, chacun d'eux régnant sur un domaine précis. Il ne se trouvait qu'une seule divinité pour participer des trois sphères, et c'était Sarasvati, que l'on vénérait à la fois comme principe maternel et fertilisateur, comme destructeur des ennemis et des démons et comme auxiliaire des méditations religieuses. Réunissant à elle seule ces trois fonctions, Sarasvati était également en mesure d'assurer leur intégrité, et il n'est pas exclu que son pouvoir purificateur soit un reflet de cette harmonie. En se baignant dans ses eaux, les hommes se débarrassaient des péchés qui les séparaient de la divinité et ils étaient à même de s'intégrer harmonieusement à l'univers. On dit même que le Gange va parfois se baigner dans la Sarasvati afin de se purifier des péchés dont les hommes l'ont souillé.

La fonction inspiratrice de Sarasvati en ce qui concerne la méditation n'est pas moins significative. Car cette divinité est aussi honorée en tant que déesse de la parole, c'est-à-dire du principe créateur. Voici ce qu'en dit un théoricien hindou de la poésie : « Ce monde triple serait noir et aveugle s'il n'avait été d'abord illuminé de cette lumière que l'on appelle le Son. » La parole ou le Son sont incarnés dans le *Veda,* qui est l'écriture révélée par excellence. Celle-ci n'est par proférée par les dieux, car elle existe par elle-même, ayant même été « vue » par les anciens prophètes. Son pouvoir créateur est concentré dans le vers unique du *Rig Veda,* que les Hindous les plus pieux récitent quotidiennement et qui « exprime » par lui-même toute l'essence du *Veda*. De fait, le pouvoir créateur du Son est tout entier contenu dans la syllabe sacrée *Om*. D'un point de vue iconographique, Sarasvati est souvent représentée en train de chevaucher une oie blanche, symbole de l'âme libérée, et tenant dans ses mains un livre, le *Veda,* et un luth, qui est tout à la fois le symbole du Son créateur et l'attribut de la protectrice des arts et de la musique. Sarasvati passe également pour l'épouse de Brahma, le créateur, et il n'est pas rare que les frontons des temples hindous soient ornés de processions d'oies, symboles de la sagesse sacrée qui mène à la libération. Ainsi la création et la purification se rejoignent-elles en Sarasvati, dont chacune des représentations revêt un caractère particulièrement sacré.

Fleuve cosmique, la Sarasvati coule également sur la terre où, comme le Gange, elle se divise en sept rivières pour baigner le monde. Au cours de leur migration à travers l'Iran et l'Afghanistan, les Aryens traversèrent plusieurs fleuves qu'ils identifièrent avec la Sarasvati, et qui portent toujours ce nom. Mais celui qu'ils baptisèrent ainsi dans le nord-ouest de l'Inde, et qui devait être important à l'époque, a entre-temps disparu dans le désert en raison des variations climatiques. Il est reconnu que le cours de l'Indus, comme celui du Gange, a souvent varié au cours des siècles, et l'on peut supposer que la Sarasvati a connu le même sort.

La baisse des eaux de la Sarasvati a progressivement incité les Aryens à se déplacer vers l'est, dans la région du Doab, que baignent le Gange et la Yamuna. Parallèlement, on a vu peu à peu le Gange supplanter la Sarasvati dans son rôle de fleuve cosmique et purificateur. Le fait qu'on y ait trouvé de l'or et qu'il prenne sa source dans l'Himalaya, là où les Indiens voyaient le séjour des dieux et à proximité du mythique mont Meru, a sûrement joué un rôle dans ce transfert. Sarasvati demeura la déesse de la Parole créatrice; mais c'est au Gange qu'il revint d'incarner le rôle de la déesse mère, ce dont témoigne l'appellation de *Ganga Ma* qui fut désormais la sienne. Cette nouvelle fonction du Gange fut d'ailleurs bientôt officiellement reconnue par la mythologie, et l'on prétendit que les eaux de la Sarasvati, après s'être perdues dans le désert, coulaient sous terre pour ne réapparaître qu'à la Prayag d'Allahabad, au confluent du Gange et de la Yamuna. Ce triple confluent, également appelé *Triveni,* donna naissance à une nouvelle triade de déesses.

Cette triade fut appelée à jouer un rôle important, et parfois mystérieux, dans le développement de la pensée et de l'architecture hindoues. La déesse Ganga est ainsi représentée à l'entrée du sanctuaire de nombreux temples hindous sous la forme d'une jeune femme pleine de grâce montée sur un *makara,* ou monstre aquatique, et qui tient une cruche d'eau et une ombrelle, emblème de la royauté. De l'autre côté de l'entrée, la déesse Yamuna lui fait pendant avec les mêmes attributs, si ce n'est qu'elle chevauche une tortue. On pourrait croire que les deux déesses symbolisent également la pureté rituelle que confère le bain, et sans laquelle on ne saurait pénétrer dans le temple ni approcher les dieux qui y trônent. Mais, dans ce rôle, Yamuna est littéralement éclipsée par Ganga, et sa présence requiert une explication plus approfondie. Alors que Ganga est rattachée à la lune, aux ancêtres et au *soma,* Yamuna est pour sa part rattachée au soleil. Elle est assimilée à Yami, fille de Vivasvat, le soleil, et sœur jumelle de Yama, qui est à la fois le premier homme et le roi des morts. Une fois par an, Yama quitte son royaume souterrain pour rendre visite à sa sœur et se baigner dans ses eaux, libérant ainsi, pour un jour, les esprits des morts. De même, tous ceux qui, ce jour-là, honorent leurs sœurs, font des offrandes aux mânes des défunts et se baignent dans la Yamuna ont-ils la certitude d'échapper à l'enfer après leur mort. Bien que les deux déesses soient également associées à la mort, on peut parler d'une connotation plus négative en ce qui concerne Yamuna. La tortue qui lui sert de monture est en effet un symbole du temps destructeur et du déclin du soleil dans le ciel. C'est ce qu'exprimaient les anciens lorsqu'ils emmuraient une tortue dans le sol au cours des sacrifices védiques.

Le plan des temples hindous peut être considéré comme un diagramme représentant le corps de l'Homme primordial, ou macrocosmique. Cet homme primordial est celui qui, dans la nuit des temps, a accompli le premier sacrifice, rendant ainsi possible la création de l'univers. Mais, bâtis à l'image de l'homme primordial, ces temples représentent également le macrocosme lui-même, c'est-à-dire l'univers tout entier. En adoptant ce schéma, on s'aperçoit que la porte du temple représente les pieds de l'univers, le sanctuaire sa tête, et l'idole son âme, ou son Moi; cette équation très élaborée donne parfois lieu à des applications qui peuvent sembler déroutantes. C'est ainsi que les montants de la porte surmontés des statues de Ganga et de Yamuna représentent les narines. Pour comprendre cette étrange assimilation, il est nécessaire de recourir à la doctrine yoga du corps « subtil », ou mystique, sur laquelle reposent toutes les expériences religieuses du yoga. Selon ce système, le centre de la colonne vertébrale est parcouru par un canal très fin, le *sushumna,* autour duquel s'enroulent deux autres canaux, tout aussi fins, l'Ida et le Pingala. En faisant fonctionner ces canaux, on libère la « force serpentine », appelée *kundalini,* qui gît à la base de la *sushumna* et qui est alors en mesure d'atteindre les six *cakras,* ou centres de force, situés respectivement au bas de l'épine dorsale, dans la région des organes génitaux, le plexus solaire, la région du cœur, la gorge et au centre du front. C'est seulement lorsque la *kundalini* a atteint le dernier *cakra* que l'adepte du yoga connaît la libération. Pour mettre en action les deux canaux Ida et Pingala, il convient de respirer alternativement, et de façon rythmée, par la narine droite puis par la narine gauche, ce qui oblige le souffle vital, ou *prana,* à les emprunter. Cette théorie du corps mystique, tout comme le plan des temples, correspond à l'homme macrocosmique, et l'on en retrouve tous les éléments dans le monde physique. Ida et Pingala sont les équivalents de la lune et du soleil, et le *cakra* situé au centre du front, également appelé *Manasatirtha,* ou lieu d'ablutions, celui du lac Manasarovar, dans l'Himalaya, qui devient par extension le lieu d'ablutions de l'esprit. Ganga et Yamuna étant également associées à la lune et au soleil, on peut développer l'équation et les assimiler directement à Ida et Pingala. Ainsi s'explique la présence des deux déesses à l'endroit du temple qui correspond aux narines de l'homme macrocosmique. Un fidèle qui pénètre dans un temple et s'y enfonce toujours davantage accomplit une ascension rituelle : il s'approche toujours plus de l'image du dieu et de la réalisation de soi-même, car l'effigie divine n'est qu'une représentation du Moi de l'homme cosmique. L'entrée dans un temple peut être assimilée à la montée de la force mystique de la *kundalini* dans le *sushumna,* lequel s'identifie à son tour à Sarasvati, déesse de la science sacrée, dont la place ne peut être qu'à l'entrée de la cella, entre les deux déesses Ganga et Yamuna. Mais, de même que ses eaux sont invisibles aux yeux des non-initiés au confluent des trois fleuves, à la Prayag d'Allahabad, de même Sarasvati n'apparaît-elle pas en effigie à l'entrée de la cella, même si c'est par elle que l'on accède à l'image divine, c'est-à-dire à l'Immortalité et l'Absolu. Tout au plus trouve-t-on parfois sur l'architrave la représentation d'un lotus, qui est l'emblème habituel de Sarasvati. Le lotus est également le symbole des *cakras* dans le corps mystique, et il n'est pas rare qu'il soit entouré d'un serpent, symbole de la *kundalini.*

Ce symbolisme peut paraître complexe, mais il illustre un thème d'une importance capitale. Pénétrer dans un temple hindou représente une démarche véritablement spirituelle, puisque les canaux subtils que l'on a identifiés comme étant la lune et le soleil peuvent également être assimilés à Ganga et Yamuna. Et cela illustre la conception hindoue selon laquelle la Vérité absolue se cache sous des couches d'illusion, ou derrière le monde des phénomènes qu'il faut traverser si l'on veut accéder à la connaissance. Ceux qui restent étrangers à la Vérité se contentent des signes visibles ou des manifestations extérieures. En outre, l'identification des canaux subtils à la lune et au soleil dépasse le simple niveau du symbolisme : pour qui a atteint l'Absolu, microcosme et macrocosme se confondent. Accomplir un pèlerinage au lac Manasarovar représente, à une autre échelle, la même démarche que celle qui consiste à aller honorer une image divine, dans un temple. On peut, de la même façon, mettre en parallèle la *Triveni* d'Allahabad et l'union mystique et libératrice de la *kundalini* avec le *cakra* suprême. En ce sens, mourir à Allahabad, au confluent du Gange et de la Yamuna, c'est mourir en état de libération, avec la certitude d'aller tout droit au paradis. Le caractère profondément sacré du Gange s'explique par le fait qu'il est l'expression physique du divin. Il apporte sur terre la pureté du ciel, lave l'homme de ses péchés et le prépare à entrer dans le monde de l'éternité.

Ascètes, maîtres et fidèles

Ci-dessus, le Gange dans les montagnes de l'Himalaya; ci-contre et page précédente, le fleuve à proximité de Devaprayag. Le Gange, le fleuve sacré des Hindous, la « Grande Mère » de l'Inde, naît au cœur de l'Himalaya, sur le versant nord du glacier de Gangotri, à quelque 4 500 mètres d'altitude. Le cours supérieur du Gange, qui porte le nom de Bhagirathi, traverse les montagnes de l'Himalaya où, selon la mythologie hindoue, résident les dieux. Fleuve céleste à l'origine, le Gange serait descendu sur terre sur les prières de Bhagiratha, soucieux de purifier les cendres de ses ancêtres, les soixante mille fils du roi Sagara anéantis par le sage Kapila Muni. Mais, en se déversant du ciel, les eaux puissantes du fleuve auraient inondé la terre si Shiva ne les avait retenues dans sa chevelure, donnant ainsi naissance au Gange et à ses affluents. Ce mythe de la descente du Gange et de l'intervention de Shiva illustre, sous une forme symbolique, l'effort de l'homme pour améliorer, avec l'aide des dieux, le destin de l'humanité.

Page ci-contre, groupe d'ascètes dans la cour d'un temple mangeant la nourriture qui leur a été donnée en aumône par les fidèles. Ci-dessus, autres ascètes recevant l'aumône des fidèles sur un ghat, *escalier construit au bord d'un fleuve et sur lequel on procède aux ablutions ou à l'incinération des morts. Depuis les temps les plus anciens, la région du Gange a toujours été appelée le « pays des ascètes ». Aujourd'hui encore, un grand nombre de ces ascètes, ou* sadhus, *vivent sur les berges du fleuve. Ils ont renoncé à tout pour se vouer à la recherche de l'absolu et vivre en paix au sein de Brahma. En marge de la société, ils errent d'un sanctuaire à l'autre et ne vivent que d'aumônes. Ils ont renoncé à toute famille et à toute possession terrestre, et n'ont aucun devoir, car ils se sont élevés au-dessus des lois. On les considère néanmoins comme l'essence des quatre castes de la société indienne, et leur affirmation des valeurs spirituelles influence la vie de millions de leurs compatriotes. Certains* sadhus *vivent en ermites, entièrement coupés du reste du monde; d'autres se regroupent dans des communautés* (ashrams) *pour se consacrer à la méditation et l'étude des textes sacrés sous la conduite d'un guide spirituel, ou* guru. *Le spectacle de ces hommes aux cheveux longs, vêtus d'une robe safran, voire d'un simple pagne, au visage enduit de cendres et qui voyagent à travers tout le pays sans autre bagage qu'un bâton de pèlerin et un petit ballot contenant leurs instruments de culte et un bol d'aumônes est à la fois solennel et fascinant. Ils font partie intégrante du paysage indien, dont ils sont l'un des éléments caractéristiques. Point n'est besoin, pour eux, de mendier leur nourriture, car les Hindous mettent leur point d'honneur à secourir ces* sadhus *qui sont, à leurs yeux, les intercesseurs de la félicité divine.*

Page ci-contre, le confluent de l'Alaknanda et de la Bhagirathi à Devaprayag, qui marque la naissance du Gange. La Bhagirathi prend sa source au glacier de Gangotri tandis que l'Alaknanda et son affluent, le Pindar, sont alimentés par les glaciers de Kamet et de Nanda Devi. Les anciennes légendes hindoues situaient la naissance du Gange à proximité du Kailasha, montagne sacrée qui passait pour la demeure de Shiva et qui était généralement représentée sous la forme d'une pyramide à degrés. En fait, les véritables sources du Gange n'ont été découvertes qu'au siècle dernier. Pendant des siècles, des pèlerins originaires de toutes les régions de l'Inde ont escaladé les montagnes pour aller se recueillir devant les sources sacrées. Là, ils faisaient des offrandes de fleurs et se baignaient dans les eaux glacées en priant la déesse Ganga de leur octroyer le don de prophétie. Près du village de Gangotri, à 3 200 mètres d'altitude, un temple consacré à la déesse Ganga renferme une source où les pèlerins font provision d'eau dans des vases de terre, qu'ils font ensuite sceller par le brahmane local. De nombreux autres temples consacrés à des figures du panthéon hindou ont été bâtis sur les rives de l'Alaknanda et du Pindar.

Ci-dessus, pèlerins sur le ghat *d'Hardwar. Hardwar, qui compte traditionnellement parmi les sept villes saintes de l'Inde, est située au pied des monts Siwalik et aux portes de la plaine gangétique. Le lieu le plus sacré de la ville est le Ghat Har-ki-Pairi, où l'on peut encore voir l'empreinte du pied de Vishnu. A cet endroit, le Gange est réputé pour ses propriétés miraculeuses, et les pèlerins y viennent par milliers faire provision d'eau qu'ils ramènent ensuite chez eux en vue de leurs innombrables cérémonies de purification. Une fois tous les douze ans, la cérémonie du* Maha Kumbh Mela *fait affluer à Hardwar des millions de fidèles. Si l'on en croit la légende, lorsque les dieux et les démons se disputèrent le vase rempli de nectar divin, douze gouttes s'en échappèrent et tombèrent sur la terre; quatre d'entre elles tombèrent en Inde, à Hardwar, Ujjain, Allahabad et Nasik. Telle est l'origine de cette fête, le* Maha Kumbh Mela, *célébrée à tour de rôle et tous les trois ans dans chacune des quatre villes. Voici ce que nous rapporte Hsüan Tsang, pèlerin chinois qui visita Hardwar au* VII*e siècle : « La ville est entourée de toutes parts par les flots purs du fleuve; on y trouve du cuivre natif* (teou shih), *du cristal et des vases précieux en quantité. Non loin de Hardwar, sur les bords du Gange, s'élève un grand temple où s'accomplissent toutes sortes de miracles. Le centre du temple est occupé par un bassin dont les bords sont faits de pierres soigneusement assemblées, et que les hommes des cinq Indes appellent « la porte du fleuve Ganga ». Des milliers d'hommes, venus de régions lointaines, se retrouvent ici pour se baigner et effacer leurs péchés. »*

Pages suivantes, tentes ae pèlerins rassemblés à Allahabad, au confluent du Gange et de la Yamuna, pour la fête du Maha Kumbh Mela. *Pour les Hindous, tous les confluents du fleuve* (sangam) *sont sacrés, mais celui d'Allahabad, la Prayag des anciens Aryens, est incontestablement le plus célèbre et le plus vénéré. Citons encore Hsüan Tsang : « ... chaque jour, des centaines d'hommes viennent se baigner et mourir au confluent des deux fleuves. Pour les gens de ce pays, quiconque désire renaître au ciel doit jeûner assidûment, puis se noyer lui-même dans ces eaux. Se baigner en cet endroit efface et détruit toute souillure, tout péché; c'est pour cela qu'ils viennent si nombreux, de diverses contrées et parfois de régions lointaines, et font halte ici. Sept jours durant, ils s'abstiennent de toute nourriture, puis ils mettent fin à leur vie. Même les singes et les cerfs descendent des montagnes pour se rassembler à proximité du fleuve; certains d'entre eux se baignent puis repartent. D'autres y restent, pour jeûner et mourir. »*

Ci-dessus, disciple de Shiva tenant son bol d'offrandes, le dos tourné au fleuve; à côté de lui, plantés dans le sol, son bâton de pèlerin et son trident. Page ci-contre, le visage d'un fidèle portant les signes caractéristiques de la dévotion à Shiva. Le culte de Shiva, troisième personnage de la triade, ou trimurti, *hindoue, représente l'aboutissement d'un syncrétisme religieux et culturel. Alors que Brahma incarne les forces de la création, Shiva, lui, incarne celles de la destruction et du changement. Son culte réunit les aspects les plus divers de la religion et de la culture du subcontinent indien, depuis les cultes phalliques des populations indigènes jusqu'aux traditions matriarcales des Dravidiens, en passant par la religiosité védique ou brahmanique. Dieu de la mort, Shiva est également dieu de la création et de la fertilité, car la vie et la mort sont inextricablement liées, cette dernière n'étant que le prélude à une vie nouvelle. Le culte de Shiva, dont les disciples se répartissent en plusieurs sectes, donne lieu à de multiples cérémonies cultuelles. Mais les ascètes shivaïtes se reconnaissent toujours aux trois traits horizontaux ainsi qu'au point rouge qu'ils portent sur le front, et qui symbolise le troisième œil de Shiva, celui de la connaissance spirituelle.*

Ci-dessus, un marchand ambulant devant son étalage : fixés à des feuilles de pipal, ces bouquets de fleurs sont destinés à supporter de minuscules veilleuses ou bougies. Page ci-contre, jeune fille déposant son offrande florale à la déesse Ganga. Les fleurs jouent un grand rôle en Inde, aussi bien dans les cérémonies solennelles et les fêtes sacrées que dans les multiples rites de la vie de tous les jours. Selon leur variété, elles peuvent exprimer divers sentiments, et le parfum et la couleur de chaque fleur ont leur signification rituelle. Lors des fêtes religieuses, des guirlandes de fleurs ornent les statues des dieux, ou sont déposées en offrande à leurs pieds. Dans les rites funéraires, les Hindous ornent leurs morts de colliers de fleurs, qu'ils dispersent ensuite aux quatre vents afin de symboliser la libération de l'âme du défunt.

Pages suivantes, un homme et une femme se livrant aux ablutions rituelles dans le Gange, à Bénarès. Le bain quotidien avant le lever du soleil, ou pour se purifier avant de pénétrer dans un temple, fait partie des pratiques religieuses fondamentales des Hindous. Selon la tradition, Shiva aurait promis à tous ceux qui meurent sur les rives du Gange, ou après s'être purifiés dans ses eaux, de leur dévoiler la formule sacrée qui les libérera de la chaîne de la réincarnation. Ces ablutions s'accomplissent selon un cérémonial immuable : le fidèle doit d'abord méditer, puis se laver soigneusement toutes les parties du corps, suivant un ordre établi, afin de libérer l'âme de tous les soucis terrestres, puis enfin réciter une prière. Il regagne ensuite la rive, et adore le soleil levant. Ces ablutions ont lieu sur la rive gauche, la rive droite étant considérée comme de mauvais augure.

Pages suivantes, l'incinération des morts sur les bords du Gange à Patna, l'ancienne Pataliputra. Par sa simplicité, et l'émotion qui s'en dégage, cette cérémonie est certainement l'une des plus impressionnantes aux yeux d'un observateur occidental. Après avoir été enveloppés d'un linceul — blanc pour les hommes, rouge pour les femmes mariées — les corps sont couverts de fleurs, puis incinérés sur un haut bûcher. Les cendres sont ensuite dispersées dans les eaux du Gange, qui est censé charrier les âmes des défunts jusqu'au paradis. La cosmologie hindoue prétend en effet que le Gange, descendu du ciel grâce à l'intervention de Shiva, parcourt toutes les régions de l'univers. Au ciel, il correspond à la Voie lactée, sur la terre aux fleuves, et dans le monde souterrain à un courant puissant et invisible qui coule sous les montagnes de l'Himalaya. Une fois purifiée et affranchie des soucis de ce monde comme du cycle de la réincarnation, l'âme des défunts, ou atman, *entre en communication avec l'Un, ou Brahman. Les proches de ceux qui meurent dans les villes riveraines du Gange se chargent d'aller jeter eux-mêmes les cendres dans le fleuve; quant aux parents de ceux qui meurent loin de tout fleuve sacré, ils les confient à des pèlerins en route pour les villes saintes, surtout pour Bénarès, ou attendent une occasion d'accomplir eux-mêmes le pèlerinage. Il n'est pas rare, même, qu'ils envoient les cendres par la poste à Bénarès, où quelqu'un se charge de ce pieux devoir à leur place.*

Ci-dessus, un brahmane en train de prêcher, à Bénarès. Il apparaît drapé dans un tissu imprimé au nom de Rama, *héros du poème épique le* Ramayana, *et septième incarnation de Vishnu. Page ci-contre, fidèles de tout âge et de toutes conditions se baignant et priant dans les eaux purificatrices du Gange, à Bénarès. Voici ce que rapporte Hsüan Tsang à propos de Bénarès, la ville la plus sainte de l'hindouisme : « Les habitants sont doux et hospitaliers, et ils s'adonnent sérieusement à l'étude. La plupart d'entre eux sont incroyants, mais quelques-uns observent la loi de Bouddha. Le climat est doux, les récoltes abondantes, les arbres florissants, et le sous-bois touffu dans toute la région... Il existe une centaine de temples, que fréquentent environ dix mille fidèles. Certains ont le crâne rasé, d'autres portent un chignon et vont entièrement nus; ils se couvrent le corps de cendres et, par toutes sortes d'ascèses et de pénitences, cherchent à échapper à la naissance et à la mort. »*

Ci-dessus, Hindou appliquant de la poudre de safran rouge sur la proue de son bateau. Comme le safran, le bouquet de soucis est destiné à apaiser les forces de la nature et à assurer un voyage sûr et paisible. On trouve des vendeurs de safran sur les ghats *de toutes les villes bâties au bord du Gange. Surtout utilisée par les adeptes de Vishnu et de Shiva, cette poudre sacrée est parfois remplacée de nos jours par des disques de celluloïd, comme on en aperçoit à l'étalage de ce vendeur des rues (page ci-contre).*

Page 40, jeune couple priant avec ferveur au cours d'une cérémonie présidée par un brahmane. Page 41, Hindou se faisant raser la tête. A la mort d'un parent, il est de tradition que le fils aîné de la famille se rase la tête et se purifie dans les eaux du Gange avant de prendre part aux cérémonies funèbres. Pages 42 et 43, un brahmane, assis sur une estrade et entouré de gravures pieuses, commente les textes sacrés devant une foule de fidèles. Les sermons de ce genre peuvent durer des heures. La caste sacerdotale des brahmanes occupe le sommet de la pyramide sociale hindoue. C'est à eux qu'il appartient d'officier lors des cérémonies religieuses et de commenter les écrits sacrés. Ne lit-on pas dans un traité brahmanique, le Manava Dharma Shastra, *également appelé le Livre de la loi de Manu, du nom du législateur mythique, Manu : « Les brahmanes doivent être honorés car chacun d'entre eux est un grand dieu; à elle seule, la naissance d'un brahmane est l'incarnation éternelle de la loi. » Les brahmanes, a écrit de son côté un voyageur du* XVIIe *siècle, Nicolò Manucci, « sont pour les Hindous la plus noble famille de l'humanité, dignes d'être vénérés non comme des supérieurs, mais comme des dieux ».*

Ci-dessus, un devin sur les bords du Gange. Les devins sont innombrables le long du fleuve; ils prédisent l'avenir, mais se chargent également de conseiller ceux qui viennent les consulter sur leurs affaires privées. Page ci-contre, groupe d'hommes et de femmes lavant leur linge sur les bords du Gange. On remarque que la majorité d'entre eux sont des hommes : jusqu'à une époque récente, ces « lavandiers » faisaient partie des sans-castes de la société indienne, les castes n'ayant été abolies qu'en 1947, après que Gandhi se fut élevé contre ce qu'il appelait la « honte de l'hindouisme ». Pour le Veda, *les différentes castes sont issues du corps même de Brahma : la tête aurait ainsi donné naissance aux brahmanes, ou prêtres, dépositaires de la science et de la religion; les bras aux* kshatriyas, *c'est-à-dire aux chefs et aux guerriers; le ventre aux* vaishyas, *c'est-à-dire aux paysans, marchands et artisans, et les pieds aux* sudras, *c'est-à-dire aux travailleurs, aux laboureurs et aux domestiques. Plus bas encore se trouvaient les sans-castes, parias ou intouchables, à qui l'on confiait les plus basses besognes.*

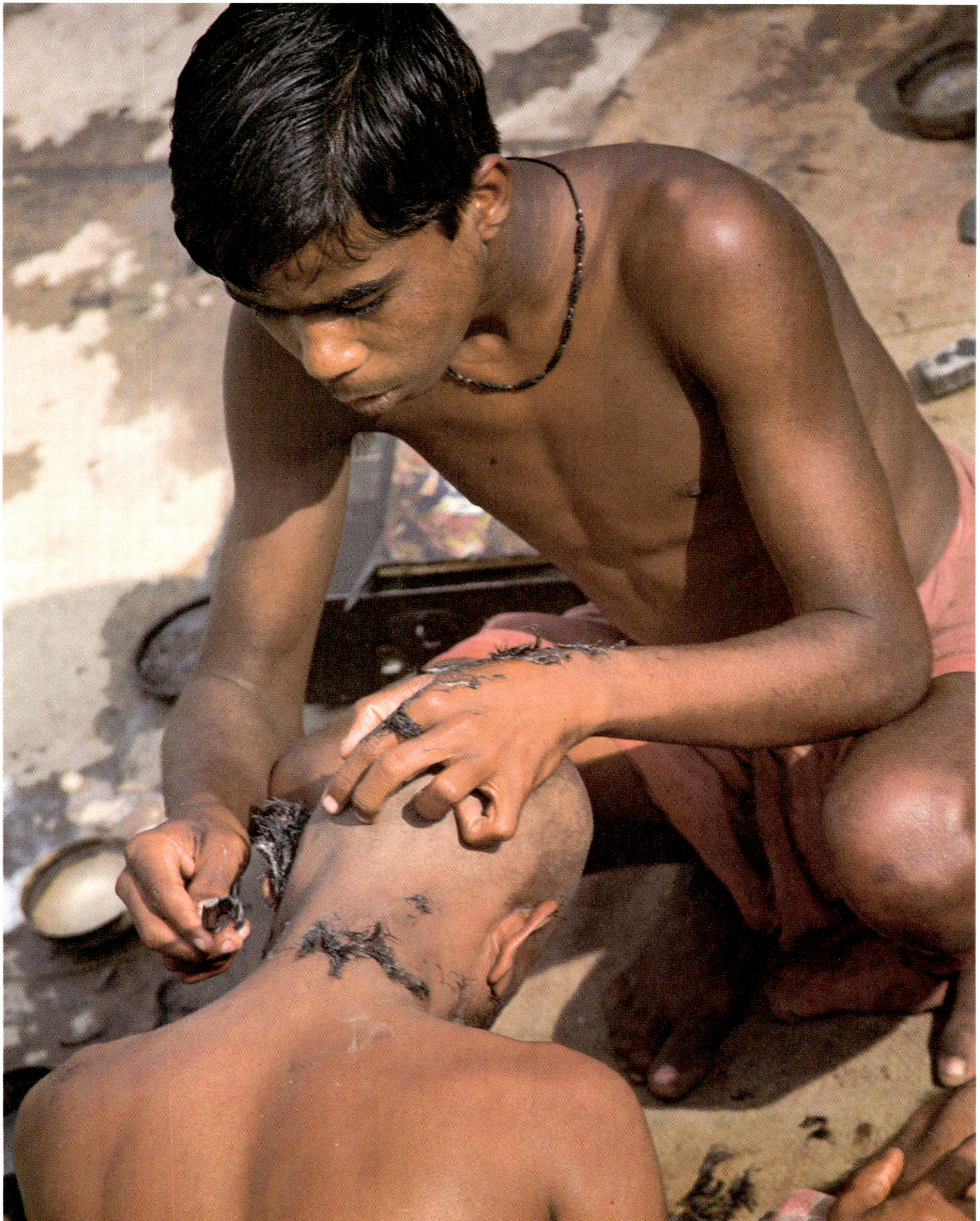

Ci-dessus, vue du cours large et majestueux du Gange à Patna. Fondée vers le milieu du Ve siècle avant notre ère, Patna (Pataliputra) est l'une des plus anciennes cités de l'Inde. La ville fut autrefois la capitale du royaume de Magadha, où virent le jour deux des doctrines qui allaient marquer le plus profondément la mentalité hindoue, le bouddhisme et le jaïnisme. Le bateau à aubes que l'on aperçoit sur la photo relie Patna et Sonapur, de l'autre côté du fleuve.

Ci-dessous, femmes accroupies au bord du Gange, au Bengale. En pénétrant dans cette région de l'Inde, le fleuve se divise en deux; le bras le plus important, le Padma, traverse le Bangla Desh pour se joindre au Brahmapoutre et former la Meghana. L'autre bras, le Hooghly, se jette dans la mer après avoir traversé le port de Calcutta. Entre les deux bras du Gange, le pays est d'abord très fertile; mais l'immense delta (44 000 km^2) est essentiellement constitué d'eaux stagnantes et de marais insalubres. L'embouchure du Gange est située traditionnellement à l'extrémité la plus méridionale du delta, en face de l'île de Sagar.

Page ci-contre, méditation sur les bords du Gange. L'hindouisme a toujours été une doctrine d'un abord difficile pour les Occidentaux. Néanmoins, de nombreux voyageurs furent favorablement impressionnés, dans le passé, par l'aspect moral de l'hindouisme et son esprit de tolérance. Francesco Carletti, négociant florentin qui visita l'Inde vers la fin du XVIe *siècle, note ainsi que si les Hindous placent leur religion « au-dessus de toutes les autres, la tenant pour la meilleure et la plus sainte, ils ne condamnent ni n'interdisent les autres religions, et en particulier le christianisme; à preuve, ce brahmane fortuné et intelligent, avec lequel je me suis lié d'amitié, et qui m'a dit souvent que si les chrétiens vivaient selon la morale et la justice, ils pourraient sauver leurs âmes; il considérait évidemment que si un homme vit bien et ne fait pas aux autres ce qu'il ne voudrait pas qu'on lui fasse, cela suffit pour lui assurer la paix après sa mort, quelle que soit sa religion ». Les Hindous estiment qu'un homme peut se purifier par la contemplation des eaux du Gange, de la même manière qu'un serpent perd son venin à la seule vue d'un* garuda, *oiseau mythique doté d'un corps d'homme et de la tête et des ailes d'un aigle. Roi des oiseaux et ennemi traditionnel des serpents, le* garuda *est également étroitement associé à Vishnu, à qui il sert souvent de monture.*

Ci-dessus, vue des eaux paisibles du Gange dans la brume matinale. A la fin de la saison des pluies, il n'est pas rare que le fleuve rompe ses digues et inonde les villes et les champs, apportant avec lui la mort et la destruction. Le phénomène de la mousson a donné naissance à un grand nombre de croyances, de prières et de rites primitifs, dont certains ont été conservés jusqu'à nos jours. En Inde, la pluie est considérée comme un don des dieux. Après plusieurs mois de sécheresse et de chaleur suffocante, l'arrivée de la mousson est accueillie avec soulagement car elle marque souvent la fin de la famine. Les famines et les inondations, qui ne sont que trop familières aux populations de l'Inde, révèlent l'impuissance de l'homme face au pouvoir destructeur de la nature, mais elles sont également souvent ressenties comme un châtiment divin.

Né dans les neiges et les glaciers de l'Himalaya, le Gange se jette dans le golfe du Bengale après avoir parcouru plus de 2 700 kilomètres. Durant sa course, la « rivière de l'existence » — comme l'ont baptisée les Hindous — irrigue et fertilise des régions sur lesquelles vit près d'un tiers de la population de l'Inde. Ganga Ma, *la Mère Gange, ne compte pas moins de 1 108 surnoms, que les Hindous invoquent toujours avec ferveur. Car, malgré la multiplicité des divinités et des croyances tous ont en commun le désir, de leur vivant, de se purifier dans les eaux du fleuve sacré, comme celui d'être incinérés sur ses berges après leur mort.*

L'enseignement du Bouddha

L'homme que nous connaissons sous le nom de Bouddha, Siddharta Gautama, est né sur les contreforts du Népal vers le milieu du VIe siècle av. J.-C. Il connut l'Éveil à l'âge de trente-cinq ans, et passa dès lors le reste de sa vie à prêcher sa doctrine et à organiser dans la vallée inférieure du Gange, c'est-à-dire sur le territoire qui s'étend de Patna, à l'est, à Mathura, à l'ouest, sa communauté de moines, de nonnes et d'adeptes laïcs. Il s'est éteint à l'âge de quatre-vingts ans dans un petit village situé à cent quatre-vingt-dix kilomètres au nord de Bénarès. On ne peut fixer la date de sa mort avec certitude, mais on s'accorde généralement à penser qu'elle se situe aux alentours de 480 av. J.-C.

Bien que nous soyons en mesure de définir avec une certaine précision le cadre géographique et chronologique de la vie du Bouddha, notre connaissance des conditions socio-historiques qui prévalaient alors est loin d'être complète. Vers la fin du second millénaire avant notre ère, le nord-ouest de l'Inde fut envahi par les Aryens védiques. De là, ceux-ci étendirent lentement leur domination sur les plaines septentrionales, mais les régions orientales de l'Inde restèrent longtemps hors de leur influence. Certaines tribus d'Aryens orthodoxes ou hérétiques s'installèrent dans le royaume de Magadha, dont la capitale fut d'abord Rajagriha, puis Pataliputra, l'actuelle Patna, mais il fallut plusieurs siècles avant qu'Agni, le dieu du feu et le symbole de la religion védique, ne progresse véritablement vers l'est du pays. Il est significatif que ce soit justement ces régions orientales, situées autour du cours moyen du Gange, qui aient vu naître deux religions hérétiques, le bouddhisme et le jaïnisme, dont les écrits font du reste explicitement référence à d'autres propagateurs de doctrines non orthodoxes. Car toutes les deux se présentent, dans une certaine mesure, comme des religions anti-brahmaniques, rejetant tout à la fois la foi védique et la prééminence de la caste des brahmanes, et s'inspirent d'une pensée foncièrement différente.

A l'époque de la naissance du Bouddha, l'économie indienne reposait essentiellement sur l'agriculture. Selon les textes bouddhiques et jaïnistes, l'Inde était alors divisée en seize États, dont certains étaient des monarchies, et d'autres, comme la province natale du Bouddha, des confédérations tribales gouvernées par des conseils d'anciens. L'un de ces royaumes, Magadha, allait très vite surpasser et absorber tous les autres pour devenir en un siècle et demi, de la mort du Bouddha au règne de l'empereur Ashoka, au IIIe siècle av. J.-C., le plus grand État indigène que l'Inde eut jamais connu. Il est clair, toutefois, que cette époque vit s'opérer de profondes mutations dans la société. Au fil des siècles, celle-ci fut dominée par une nouvelle classe de marchands, qui se firent les protecteurs du bouddhisme, et les textes pali (les premiers textes bouddhiques, rédigés en pali) évoquent surtout des citadins, des rois et des princes, des marchands et des courtisans, mais aussi des paysans et des propriétaires terriens. Tous ces gens-là furent très probablement attirés par le bouddhisme en réaction contre les religions traditionnelles des anciennes classes dominantes. Certains adeptes de la religion nouvelle firent même preuve, en l'occurrence, d'une ferveur extraordinaire. On raconte qu'un marchand du nom d'Anathapindika aurait ainsi acheté à un prince, pour en faire don au Bouddha, un parc célèbre en le payant d'autant de pièces d'or qu'il en fallait pour le recouvrir. Le médecin personnel du roi de Maghada et les personnages les plus prestigieux de sa cour embrassèrent également la nouvelle foi. L'enseignement du Bouddha préconisait avant tout un effort moral et spirituel personnel, et non les pratiques rituelles ou la dépendance spirituelle vis-à-vis d'autrui. En tout cas, l'insistance avec laquelle le bouddhisme traitait de questions telles que le destin de l'homme après la mort ou l'existence de l'âme prouve à quel point ces préoccupations étaient répandues parmi les gens de cette époque. Peut-être aussi l'essor de la classe des marchands a-t-il favorisé les contacts avec les autres cultures, incitant ainsi une large couche de la population à porter un regard plus critique sur les croyances traditionnelles.

Nous savons peu de chose sur les pratiques religieuses en usage à l'époque. Les premiers textes bouddhiques laissent clairement entendre qu'Indra et Brahma étaient alors considérés comme les divinités les plus puissantes, mais ils ne nous disent pas de quelle manière ils étaient honorés. Les cultes monothéistes n'avaient pas encore fait leur apparition et, selon toute probabilité, la doctrine la plus répandue était celle véhiculée par le *Veda*. Les textes pali nous dépeignent les brahmanes comme les héritiers d'une tradition souvent mal interprétée et mal comprise, adeptes de rites magiques parfois efficaces mais qui n'établissaient aucun rapport avec l'individu et son monde moral. A un niveau inférieur, les textes bouddhiques sont également peuplés d'esprits de l'air ou de génies des arbres, toutes superstitions qu'on retrouve encore dans l'Inde d'aujourd'hui. Ces êtres peuvent exercer un certain pouvoir sur les hommes, et il convient donc de les apaiser par des offrandes appropriées. Le Bouddha ne niait pas l'existence d'esprits malveillants, de démons et de fantômes, pas plus que

Bas-relief du Ve siècle provenant de Sarnath, actuellement conservé au Musée national de New Delhi, et illustrant les principaux épisodes de la vie du Bouddha. On reconnaît aisément, en bas à gauche, le songe de la reine Maya et, à droite, la naissance de Siddharta Gautama du flanc de sa mère. Dans l'iconographie bouddhiste, le Bouddha n'a été représenté sous des traits humains qu'à partir du Ier siècle après J.-C. Auparavant, la présence du maître était surtout suggérée à l'aide d'éléments symboliques empruntés à sa biographie ou à son enseignement, tels que le figuier sacré, l'empreinte de ses pieds ou la Roue de la Loi.

celle des dieux; mais il considérait que ces créatures devaient rester étrangères aux véritables préoccupations de l'homme. Les dieux ne peuvent accorder que des avantages matériels, c'est-à-dire éphémères, mais ni la paix ni la félicité spirituelles pour la bonne raison qu'eux-mêmes en sont privés. Dans la doctrine bouddhiste, les dieux sont sujets à la mort et à la renaissance, comme tous les êtres vivants, même s'ils connaissent des périodes de béatitude plus longues que les autres. Pour le reste, tout être peut renaître à l'état d'animal, d'homme, de démon, de fantôme ou de diable. Il n'empêche que la réincarnation sous forme humaine est la plus enviable, car seul l'homme est capable de percevoir les problèmes du monde, et donc de les résoudre.

La vie du Bouddha

La vie du Bouddha a suscité un grand nombre d'œuvres littéraires, et autant de représentations dans le domaine de la peinture ou de la sculpture. Bien que son enseignement ait surtout porté sur une sagesse personnelle et sur les moyens de parvenir à la vérité, au Dharma, on peut sans exagération parler de « bouddhisme » à propos de la doctrine qu'il a inspirée. Les bouddhistes commencent leur journée, ainsi que chacune de leurs cérémonies religieuses, par une récitation du *Triratna*, ou Triple Joyau, qui contient cette affirmation : « Je me réfugie dans le Bouddha, je me réfugie dans le Dharma, je me réfugie dans la Sangha (la communauté des moines et des nonnes). » Le Bouddha était un homme comme les autres, qui n'a connu l'Éveil qu'au prix de nombreuses vies de souffrances et d'efforts. Le Nirvana est donc accessible à tous les hommes de la même manière, mais sans l'exemple et l'enseignement du Bouddha, la notion même du Dharma n'aurait sans doute jamais vu le jour. Par là, il s'est montré pour les hommes plus secourable que les dieux et mérite le titre qui lui a été conféré de « dieu au-dessus des dieux ». Ses biographes n'ont pas manqué de mettre en valeur le contraste entre ses traits proprement humains et la valeur inappréciable de son enseignement; néanmoins, le récit de sa vie que nous a légué la tradition s'est tellement enrichi au cours des siècles que nous ne pouvons qu'en présenter une synthèse abrégée.

Un nombre incalculable de Bouddhas se sont succédé depuis que le monde est monde. Certes, le Dharma reste éternellement le même, mais il arrive qu'un Bouddha le découvre et l'enseigne aux hommes, puis il sombre à nouveau progressivement dans l'oubli, jusqu'à ce que survienne un autre Bouddha qui le révèle à nouveau, et ainsi de suite. Jadis, dans la nuit des temps, à l'époque du premier Bouddha de ce cycle du monde, un jeune homme du nom de Sumedha était occupé à réparer une route que le Bouddha devait emprunter. Mais la route ne fut pas prête à temps, si bien que le jeune homme se coucha à terre pour permettre au Bouddha de poursuivre son chemin en marchant sur son corps. Dans le même temps, il fit le vœu de devenir un Bouddha à son tour, et le Bouddha lui prédit que son vœu se réaliserait un jour. Au cours d'innombrables cycles, Sumedha s'efforça de parvenir à la perfection. Il y parvint dans son avant-dernière vie terrestre, en s'incarnant en la personne du roi Vessantara et en renonçant à son royaume, à sa femme et à ses enfants, manifestant par là un parfait esprit de charité. Et lorsqu'il mourut, il fut transporté au ciel des Trente-Trois Dieux, où il attend le moment de renaître sur terre.

Une nuit, la reine Maya, épouse du roi Suddhodana de Kapilavastu, royaume situé aux confins de l'actuel Népal, rêva qu'un éléphant blanc descendait du ciel pour la féconder, et elle devint enceinte. Lorsqu'elle sentit l'heure de la délivrance approcher, elle se mit en route pour se rendre chez ses parents. En chemin, elle s'arrêta dans le jardin de Lumbini et se reposa sous un bosquet d'arbres. Mais alors qu'elle s'était adossée à un tronc, elle accoucha soudain d'un fils qui vint au monde, en toute pureté, par le flanc droit. Le nouveau-né fit sept pas, puis il déclara : « Je suis le premier et le meilleur; c'est là ma dernière naissance. »

Ayant perçu une grande agitation dans le ciel, le sage Asita prit son neveu avec lui et ils volèrent tous les deux dans les airs jusqu'à Kapilavastu. Là, le roi Suddhodana voulut rendre hommage au sage en lui présentant son fils, mais l'enfant s'agita si bien dans les bras de son père que ses pieds touchèrent la tête du sage. Alors, le sage s'inclina et reconnut le futur Bouddha, et il fut sauvé du blasphème qui lui aurait instantanément coûté la vie. Voyant cela, le roi s'inclina à son tour devant son propre fils. Puis le sage Asita se mit à sourire et à pleurer, en expliquant qu'il se réjouissait du bonheur que l'enfant, pressentait-il, apporterait au monde, mais qu'il était triste à la pensée qu'il devait bientôt mourir et qu'il n'entendrait donc pas l'enseignement du Bouddha. Plus tard, à l'occasion de la cérémonie de la première tétée, cent-huit brahmanes se réunirent pour prédire la destinée du nouveau-né. Tous, à l'exception d'un seul, déclarèrent qu'il serait maître du monde ou rédempteur du monde, le dernier prédisant qu'il rencontrerait un vieillard, un malade, un mort et un

Bas-relief du IIe ou IIIe siècle provenant de Nagarjunakonda et représentant la naissance du Bouddha dans le jardin de Lumbini (Musée national de New Delhi). Les sept premiers pas du nouveau-né ont été symbolisés par des empreintes de pieds (à droite) sur le tapis que portent les lokapala, *ou gardiens des quatre points cardinaux. Située dans l'État d'Andhra Pradesh, au sud de Hyderabad, la ville de Nagarjunakonda fut le siège de la dynastie des Ikshvaku (IIe-IIIe siècle) et un centre important du bouddhisme. Le site fut découvert en 1926 et trois campagnes de fouilles, en 1926, en 1938 et en 1954, permirent de mettre au jour plusieurs* stûpas, *des monastères et des temples brahmaniques ainsi qu'un vaste théâtre susceptible d'accueillir plus d'un millier de spectateurs.*

ascète, et qu'il renoncerait au monde pour devenir un Bouddha, un « Éveillé ». Alarmée par ces mauvais présages et ne voulant croire qu'à l'avenir impérial du jeune prince, la famille royale décida de le mettre désormais à l'abri de toute mauvaise rencontre.

Un jour, tandis que son père était en train de creuser le premier sillon dans un champ, le jeune Siddharta s'était installé sous un arbre pour méditer. Le soleil se déplaçait dans le ciel, mais l'ombre de l'arbre ne bougeait pas d'un pouce afin de protéger Siddharta de ses rayons. Voyant cela, le roi s'inclina alors devant son fils pour la seconde fois. Un autre jour, convaincus qu'ils n'avaient rien à craindre d'un prince qui menait une vie si oisive, de jeunes nobles le défièrent dans un concours de tir à l'arc. Or, non seulement Siddharta les battit aisément, mais il parvint à tendre un arc qu'eux-mêmes n'avaient pu bander. Plus tard, son père le maria à sa belle cousine, Yasodhara, en lui faisant construire trois jardins, un pour chaque saison, et en le proclamant héritier du trône. Peu à peu cependant, le prince en vint à se lasser d'une vie entièrement consacrée aux plaisirs des sens, et on le vit de plus en plus souvent quitter ses domaines en compagnie de son fidèle cocher. C'est au cours de ces échappées qu'il rencontra, en quatre occasions, un vieillard, un malade, un cadavre et un ascète. Ce spectacle de l'humanité souffrante, qui lui avait été jusque-là épargné, le remplit d'horreur; il perdit tout goût à la vie et ne trouva de réconfort que dans la contemplation de l'ascète. Ceci se passait peu avant la naissance de son fils, qui représentait un autre lien avec le monde. Une nuit il s'éveilla, et son regard tomba sur les danseuses qui étaient affalées tout autour de lui. A la vue de ces femmes abruties par l'ivresse et à la mise négligée, il fut saisi de dégoût et prit congé de son épouse et de son fils endormis. Ayant donné à son cocher, Channa, l'ordre d'atteler, il quitta le palais et se mit en route pour la Grande Renonciation. Arrivé sur les berges du fleuve Anoma, il se fit couper les cheveux, que les dieux emportèrent au ciel, et il congédia son cocher et sa fidèle monture, Kanthaka. Il était alors âgé de vingt-sept ans. Il se rendit à Rajagriha, où il impressionna vivement le roi Bimbisara, qui lui demanda de revenir le voir une fois qu'il aurait découvert la vérité. Puis le jeune prince se mit à étudier sous la direction de deux maîtres, Alara Kalama et Udraka Ramaputra. Il apprit tout ce que ceux-ci pouvaient lui enseigner, et parvint par la méditation à un état de quasi-béatitude, mais ne pouvait se résigner à voir celle-ci cesser dès qu'il interrompait ses exercices spirituels. Car ces expériences ne lui offraient aucune réponse aux problèmes angoissants de la vie, de la maladie et de la mort. Délaissant donc ces maîtres, il s'entoura de cinq disciples et se mit à pratiquer un régime d'une extrême sévérité. Mais ces épreuves, qui faillirent lui coûter la vie, ne lui apportèrent pas davantage de réponses aux questions qui le tourmentaient, et il se remit à manger. Dégoûtés, ses disciples l'abandonnèrent pour se rendre dans le parc des Gazelles de Sarnath, à proximité de Bénarès. Lorsqu'il eut recouvré la santé, Siddharta s'assit au pied d'un arbre, où il fut aperçu par une jeune femme du nom de Sujata. Celle-ci, croyant apercevoir l'esprit de l'arbre, vint déposer à ses pieds un bol de riz. Siddharta prit l'offrande, divisa le riz en quarante-neuf parts, et le mangea. Puis il déposa le bol sur les eaux de la Nairanjana, où il flotta quelque temps à contre-courant avant de couler et d'aller rejoindre les bols des autres Bouddhas. Ensuite, Siddharta alla se baigner, puis il revint s'asseoir au pied de l'arbre pour méditer, résolu à ne pas se relever aussi longtemps qu'il n'aurait pas découvert la vérité. Cette nuit-là, au cours de la première veille, il médita sur ses vies passées et remonta les siècles sans nombre. Au cours de la seconde, il comprit le sens de la naissance et de la mort de tout être vivant. Au cours de la troisième veille enfin, il comprit l'inutilité du désir. Il venait de s'éveiller à la vérité, il était devenu Bouddha.

Ce jour était aussi celui de son trente-cinquième anniversaire. Afin de l'empêcher de parvenir à la Vérité, le dieu de la mort, Mara, voulut l'effrayer en envoyant contre lui des hordes de démons, mais le Bouddha resta impassible. Puis Mara le mit au défi de prouver qu'il avait atteint la charité parfaite. Alors, le Bouddha posa ses mains contre le sol et il demanda à la terre de témoigner de sa vie passée quand il était le roi Vessantara, et de la conduite qui avait été la sienne. La terre confirma sa parfaite charité, et Mara, vaincu, dut se retirer. Le Bouddha passa les sept semaines suivantes à méditer les vérités qu'il avait découvertes. Vers la cinquième semaine, Mara voulut à nouveau l'induire en tentation en lui offrant ses filles, qui étaient toutes d'une grande beauté, mais le Bouddha ne se laissa pas émouvoir. Alors Mara renonça, mais il se jura de suivre le Bouddha toute sa vie et de se rappeler à lui à l'heure de sa mort. Comprenant à quel point les vérités qu'il avait découvertes pouvaient être d'un abord difficile, le Bouddha désespéra d'abord de les enseigner aux hommes. Il finit cependant par y consentir, sur les prières instantes des dieux, « pour le bénéfice de beaucoup, pour le bonheur de beaucoup et par compassion pour le monde ».

Il commença par rejoindre ses cinq disciples dans le parc des Gazelles, à Sarnath, et il leur enseigna les Quatre Nobles Vérités, mettant ainsi en marche « la Roue de la Loi ». Puis il passa les quarante-cinq dernières années de sa vie à prêcher, à convertir et à fonder son ordre, en faisant retraite durant la saison des pluies. Il alla passer deux de ces saisons des pluies au ciel, la première pour convertir sa mère, qui était morte et qui avait rejoint le paradis, et la seconde au ciel des Trente-Trois Dieux, où il prêcha la Vérité. A son retour sur terre, il se fit chaque fois accompagner par les dieux Indra et Brahma. Il revint dans sa province natale, et convertit toute sa famille, puis toute sa tribu, qui prêta le serment des adeptes laïcs. Seul, son cousin Devadatta semblait nourrir à son endroit une jalousie insurmontable. Devadatta tâcha, en vain, de le compromettre avec des femmes, puis il lâcha contre lui un éléphant furieux, mais ce dernier s'agenouilla devant le Bouddha. Par la suite cependant, Devadatta réussit en partie à semer la division au sein de la communauté religieuse. Finalement, à l'âge de quatre-vingts ans, le Bouddha parvint au terme de sa vie terrestre. Il laissa des instructions pour que soit sauvegardée l'unité de la communauté, puis il quitta Rajagriha pour faire route vers le nord. Il traversa le Gange et alla passer la saison des pluies près de Vaishali, au nord de Patna. Puis il quitta cette ville et se rendit à Papa, où il tomba malade après avoir mangé un repas préparé par le forgeron Cunda. Il se baigna dans les eaux du fleuve Kakuttha, puis il alla s'étendre

Le Bouddha sous l'arbre de l'Illumination, à Gaya; on aperçoit, en bas à gauche, l'esprit du mal, Mara, accompagné de ses filles et l'arc à la main. Ce bas-relief datant de l'époque de la dynastie des Vakataka (ve-vie siècle) orne la grotte 26, à Ajanta. Ajanta, antique centre bouddhique de l'Inde centrale, est le nom d'une colline escarpée où une trentaine de sanctuaires (vihara) *et de temples* (caitya) *furent creusés dans le roc entre le IIe siècle av. J.-C. et le VIe siècle de notre ère. Mais le site est surtout célèbre pour ses innombrables fresques de l'époque gupta. La grotte 26, parmi les plus tardives, est ornée d'une inscription attestant sa fondation par le moine Bouddhapada.*

sous un bosquet d'arbres, la tête tournée vers le nord. Là, il se mit à consoler son serviteur, Ananda, qui pleurait, et à exhorter ses disciples : « Vivez en vous-mêmes comme sur une île, en faisant de vous, et de personne d'autre, votre refuge, et en faisant du Dharma votre île, en faisant du Dharma, et de rien d'autre, votre refuge. » Il les conjura également de ne point se chercher un autre guide pour diriger la communauté, mais de se reposer plutôt sur l'enseignement qu'il leur avait dispensé au cours des quarante-cinq dernières années. Le Bouddha déclara qu'il avait dit à ses disciples tout ce qu'ils avaient besoin de savoir, et qu'aucun enseignement ésotérique n'était resté dissimulé dans « le poing fermé du maître ». Il prononça ces dernières paroles : « Toutes les choses matérielles sont transitoires. Efforcez-vous seulement d'atteindre votre but », puis il mourut. Il fut incinéré, ses cendres furent dispersées en huit endroits, où l'on éleva autant de monuments funéraires *(stûpa),* ainsi qu'au-dessus du bûcher et de l'urne où l'on avait recueilli ses restes. Le Bouddha avait désormais atteint le Parinirvana, ou la béatitude suprême.

La Voie Moyenne

Les problèmes auxquels le Bouddha s'est efforcé d'apporter une réponse sont ceux de la douleur, de la souffrance et de la mort. A ses yeux, ces problèmes ne pouvaient qu'être aggravés par le *samsara,* ou cycle continuel de la naissance et de la mort, qui rendait toute paix impossible, même au-delà de la mort. Comme le montre le récit de sa vie, ni les plaisirs sensuels ni les rigueurs de l'ascétisme ne lui fournirent de réponse satisfaisante. C'est ainsi qu'il en vint à préconiser une « voie moyenne », qui évitait tout extrême et n'envisageait les choses matérielles que sous l'angle de leur utilité, en se gardant de tout attachement. Les états de béatitude mystique même le laissaient souvent insatisfait, en raison de leur caractère éphémère. Ce problème apparemment insoluble nécessitait donc une solution radicale. Et, de fait, la réponse qui lui apparut alors qu'il méditait sous le figuier de Sarnath est aussi radicale qu'elle est aisée à expliquer. Elle tient dans les Quatre Nobles Vérités, qui constituent l'essentiel de son premier sermon devant ses disciples, dans le parc des Gazelles de Sarnath.

La Première Noble Vérité

La première des Quatre Nobles Vérités nous amène à constater que tout est *duhkha,* tristesse, insatisfaction. Ce mot, que l'on traduit généralement par « souffrance », n'évoque pas nécessairement, ni exclusivement, l'idée de douleur. C'est bien plutôt le contraire du terme *sukha,* qui signifie plaisir et bonheur. L'imperfection du monde provient de ce que nous ne possédons pas ce que nous désirons, mais au contraire ce que nous ne voulons pas; et lorsqu'il arrive que nos désirs soient satisfaits, le plaisir est toujours de courte durée. Selon le Bouddha, tous les éléments qui constituent le monde tel que nous le connaissons ont trois caractéristiques : ils sont *duhkha,* transitoires, et ils sont dépourvus d'âme propre, ou de moi. Cette vision du monde est d'une importance capitale pour quiconque veut comprendre le bouddhisme, doctrine essentiellement psychologique. Pour les bouddhistes, en effet, le monde n'existe qu'au travers de notre perception et des réactions que celle-ci nous dicte. Le Bouddha lui-même a perdu goût à la vie et s'est détourné de sa femme, de son fils, de ses palais et de ses danseuses lorsqu'il s'est trouvé confronté à la maladie, à la vieillesse et à la mort, et ceci bien que la nature des plaisirs n'ait pas changé. La philosophie bouddhiste primitive divisait le monde en cinq catégories. La première est celle de la matière, qui inclut aussi bien le monde matériel et les organes physiques de la perception que les objets perçus. La seconde catégorie est celle de la sensation, qui comprend toutes les sensations physiques dont nos cinq sens sont capables, mais aussi celles qui nous sont accessibles par l'entendement, à savoir les pensées et les idées. La troisième est celle de la perception, c'est-à-dire le processus analytique grâce auquel nous sommes en mesure d'interpréter les informations fournies par nos organes sensoriels. La quatrième recouvre ce qu'il est convenu d'appeler les « constructions psychiques », entendant par là les états d'esprit, les décisions et tout ce qui découle de la perception. C'est dans cette catégorie que viennent se ranger les émotions telles que la haine ou le désir, les sentiments tels que la confiance ou la détermination, ainsi que les actes de volonté. Ces derniers jouent un rôle particulièrement important puisque c'est sur eux que le Bouddha faisait reposer le *karma.* Tout *karma,* ou action, est assuré d'avoir sa récompense ou son châtiment, selon le cas, dans un avenir plus ou moins proche. L'accumulation des *karma* passés détermine ainsi les vies futures promises à chaque être vivant, au fil de ses réincarnations. Dans la doctrine bouddhiste, ce n'est pas l'action physique, mais l'intention qui y a présidé qui détermine la valeur du *karma.* La cinquième catégorie est celle de la connaissance, mais la connaissance en tant que phénomène mécanique, c'est-à-dire celle qui intervient lorsqu'un objet est

Deux bas-reliefs de l'époque des Shunga (IIe et Ier siècle av. J.-C.) provenant du portail (torana) *oriental du* stûpa *I de Sanchi, dans le Madhya Pradesh. Page ci-contre, la traversée du fleuve Nairanjana par le Bouddha; on aperçoit, en bas, les trois frères Kashyapa, disciples du Bouddha. La présence du maître est ici symbolisée par le* cankrama *(sentier) qui traverse le fleuve, le figuier sacré et le trône (en bas à droite). Ci-contre, à droite, de haut en bas : le songe de Maya et le retour du Bouddha à Kapilavastu; on notera à nouveau la présence du figuier sacré et du trône (en bas à gauche).*

perçu par les sens. Imaginons, par exemple, que notre regard tombe sur un lac : d'abord entre en jeu la connaissance visuelle, qui nous indique seulement que l'organe de la vue est à l'œuvre. Ensuite intervient la perception, grâce à laquelle nous reconnaissons le lac en tant que tel. Cette perception provoquera à son tour une sensation, et l'ensemble du processus débouchera sur une ou plusieurs constructions psychiques, celles-ci pouvant se traduire par un plaisir esthétique à la vue du lac, l'envie de s'y baigner ou, au contraire, la résolution de ne pas s'en approcher, etc.

La doctrine bouddhiste, on le voit, accorde la primauté au sujet par rapport à l'objet, le monde, comme du reste tout phénomène visible, n'étant envisagé que du point de vue de celui qui l'appréhende. A cela s'ajoute une autre idée, non moins fondamentale dans la doctrine : tout ce qui ressort de la connaissance dépend étroitement de circonstances extérieures. S'il n'y a rien à voir, il n'y aura ni connaissance visuelle, ni perception, ni sensation et, partant, pas de constructions psychiques. Et comme il est clair que rien n'est permanent dans le monde grossier de la perception, nous en venons naturellement à conclure que rien n'est permanent dans le monde de la sensation, et donc de la connaissance qui, comme nous l'avons démontré plus haut, est dépourvue de toute existence propre. Toute chose en ce monde est transitoire. Telle est la deuxième des trois caractéristiques du monde matériel.

La dernière caractéristique, à savoir l'absence d'une âme propre ou d'un moi, peut être abordée de la même façon. Un texte célèbre, *Les Questions du roi Milinda,* fait état d'un dialogue entre un moine bouddhiste, Nagasena, et Ménandre, roi hellénistique et protecteur du bouddhisme, qui régna sur le nord-ouest de l'Inde. Alors que le monarque demandait comment les choses pouvaient n'avoir pas d'âme, le moine répondit en lui demandant de décrire un char. Et le roi d'énumérer les différents éléments, les roues, l'essieu, le timon, etc. Alors Nagasena demanda au roi si, parmi ces éléments, il en voyait un qui constituât le char en soi, ou l'essence de ce qui fait qu'un char est un char. Le roi convint qu'il n'en voyait aucun. Alors Nagasena lui demanda s'il voyait d'autres éléments dans un char que ceux-là mêmes qui le constituaient, et s'il se pouvait que l'essence du char y fût concentrée. Et le roi répondit à nouveau que cela ne se pouvait pas. Car le char n'est qu'un assemblage de divers éléments, et point n'est besoin de faire intervenir quelque essence mystérieuse ou invisible pour l'expliquer. De la même manière, le monde qui

La présentation du fils du Bouddha, Rahula, à son père dans la ville de Kapilavastu. Ce bas-relief datant de l'époque des Shatavahana (IIe siècle de notre ère) ornait le stûpa d'Amaravati; il est actuellement conservé au musée archéologique de la ville. Ici, la présence du maître est indiquée par les deux empreintes de pieds sous le trône.

nous entoure, et les êtres humains eux-mêmes, peuvent-ils être expliqués à l'aide des cinq catégories mentionnées plus haut. Il n'est pas besoin de recourir au principe d'une âme dont les propriétés, telles que la toute-puissance ou l'immortalité, seraient en complète contradiction avec ce que nous savons du monde matériel. L'idée d'une âme ou d'un moi apparaît ainsi purement théorique, dépourvue de tout fondement matériel. A supposer même que ces essences théoriques existent, le fait que nous ignorons tout d'elles et de la façon dont elles se comportent ne peut qu'engendrer idées fausses et illusions, lesquelles seront à leur tour génératrices de douleur et d'un nouveau *karma*. Le Bouddha était fermement opposé à ce genre de spéculations qui, selon lui, ne pouvaient en aucun cas conduire au Nirvana. Lui-même se plaisait à déclarer que l'âme n'existait pas; mais on peut supposer qu'il en savait bien plus long qu'il ne voulait le dire à ses disciples, et qu'il avait surtout à cœur de ne pas semer la confusion dans leurs esprits. Il pouvait, dans le même temps, affirmer qu'il leur avait enseigné tout ce qu'il fallait savoir, et que rien n'était demeuré dans « le poing fermé du maître ». Il n'empêche que les plus anciens textes bouddhiques s'appesantissent longuement sur les problèmes philosophiques qui troublaient les hommes de cette époque : le monde est-il éternel, ou non éternel, ou est-il à la fois éternel et non éternel? L'âme peut-elle être en même temps mortelle et immortelle, ou n'est-elle ni mortelle ni immortelle? Le Bouddha peut-il survivre à sa mort? Ce dernier n'a jamais voulu répondre à ces questions, en lesquelles il voyait des spéculations vaines et sans intérêt, voire dangereuses. Il comparait ceux qui s'adonnaient à ces arguties à des poissons pris dans un filet et qui tâchent vainement d'en sortir. A ses yeux, il était aussi inutile de débattre de ces problèmes que de vouloir décrire le Nirvana avec des mots. Issus du monde matériel, les mots ne sauraient en effet s'appliquer à l'immatériel.

Il reste une autre question à résoudre : comment s'expliquer cette continuité que nous appelons le « moi », et comment la réincarnation est-elle possible si l'on considère que l'âme n'est pas éternelle? Nous avons vu que la connaissance dépendait de l'objet qui la détermine et qu'elle était, dans tous les cas, purement momentanée. Pour l'homme qui n'a pas connu l'Illumination, chaque moment de cette connaissance entraînera un *karma*, bon ou mauvais selon le cas. Et comme chaque moment de connaissance en entraîne inéluctablement un autre, on assiste à un flux constant de moments de connaissance. C'est ce flot ininterrompu qui constitue l'individu, sans l'existence d'un moi. Chaque moment étant d'autre part conditionné par le passé, le présent sera étroitement lié à ce dernier, mais sans être identique à lui. Le flot de la

Bas-relief de l'époque shunga (IIe siècle av. J.-C.) provenant du stûpa de Bharhut et représentant le marchand Anathapindika (Musée indien de Calcutta). Anathapindika, que l'on aperçoit ici au centre, tenant une cruche dans les mains, est célèbre pour avoir acheté le jardin de Jevatana, à Shravasti, en le faisant recouvrir de pièces d'or (en haut à droite); il y bâtit ensuite un monastère (à gauche) pour en faire don au Bouddha.

connaissance peut être comparé au corps d'un vieil homme, qui ne ressemble pas à celui qu'il avait dans sa jeunesse et qui n'en est pas moins le même. De la même façon, l'individu n'est ni le même, ni différent de celui qu'il était dans le passé et qu'il sera dans le futur. C'est ce « je suis » que nous appelons, par erreur, le Moi. Et c'est ce flot de connaissance qui se transmet d'une naissance à l'autre. Ce mécanisme de transmission peut paraître complexe, mais il suffit de comprendre que le concept de la réincarnation n'implique aucunement l'idée d'un Moi immuable. Il n'est, pour cela, que de voir les mutations qui se produisent en l'espace d'une seule vie humaine.

Pas plus que le reste de la création, l'individu n'est donc à l'abri du changement et de la corruption. C'est précisément ce caractère transitoire et passager de toutes choses au monde qui est à l'origine du *duhkha,* lequel nous laisse insatisfaits et malheureux.

La Deuxième Noble Vérité

La Deuxième Noble Vérité s'attache à démontrer l'origine du *duhkha,* et donc à expliquer la cause de la souffrance. Selon le Bouddha, c'est la « soif », *Trishna,* qui mène de réincarnation en réincarnation accompagnée de plaisirs sensuels et qui, tantôt ici, tantôt là, cherche à être apaisée. Lorsque nous faisons l'expérience d'une chose agréable ou désagréable, il est naturel que nous cherchions à en obtenir moins ou davantage, selon le cas, et que nous formions des vœux en conséquence. C'est là le *karma,* lequel débouche à son tour sur un nouveau flux de connaissance. Ce processus infini a été analysé en détail par le Bouddha, qui lui a donné le nom de « Chaîne des origines dépendantes ». Cette chaîne peut se décomposer en sept anneaux ou maillons, indissolublement liés les uns aux autres. Le premier d'entre eux est l'ignorance. L'incapacité de comprendre la véritable nature des choses entraîne le *karma,* lequel débouche sur la connaissance, puis sur la sensation. Et c'est cette dernière qui engendre la soif, ou le désir. Le Bouddha enseignait qu'il existait trois types de soif : la soif de plaisirs sensuels, la soif d'existence (le vouloir-vivre) et la soif d'anéantissement (le désir de mort). Quiconque se sera pénétré de la Première Noble Vérité, à savoir que tout est *duhkha* et transitoire, n'aura aucun mal à renoncer aux plaisirs des sens comme à la vie terrestre. Étant donné, d'autre part, la réincarnation et la transmigration des âmes, il serait illusoire de s'abandonner à la soif d'anéantissement. On voit ainsi que le plus sûr moyen de rompre la chaîne des origines, et donc de mettre un terme au flux du *karma,* consiste à rejeter les visions erronées au profit d'une véritable compréhension du monde.

Bas-relief de l'époque shunga (IIe siècle av. J.-C.) provenant du même stûpa *de Bharhut (Musée indien de Calcutta) : on y voit le serpent Erapatra et sa tribu en train de supplier le Bouddha de les libérer de leur monstrueuse forme animale. La présence du maître est ici suggérée par le figuier sacré, l'arbre de la Bodhi. Bharhut, dans l'État du Madhya Pradesh, est un site archéologique où fut découvert le plus ancien* stûpa *bouddhique. La balustrade qui surmontait le* stûpa, *ainsi que le portail* (torana) *sont abondamment décorés de sculptures illustrant divers épisodes de la vie terrestre du Bouddha et de ses vies antérieures* (jataka).

La Troisième Noble Vérité

La Troisième Noble Vérité concerne la cessation du *duhkha,* ou de la douleur. Toutes les analyses qui ont précédé seraient vaines s'il n'y avait un moyen de remédier au mal, s'il n'y avait pour l'homme une issue de secours. Dans la Troisième Noble Vérité, le Bouddha s'attache précisément à définir cette issue, à laquelle il a donné le nom de Nirvana, et qui est la seule apte à ses yeux à mettre un terme au *duhkha,* à l'ignorance, à la passion et à toutes les sensations en général. Pour l'homme illuminé qui a atteint le Nirvana, le *karma* n'est plus possible après la mort. Il a désormais atteint le Parinirvana, l'extinction complète, brisant par là-même la chaîne de la réincarnation. On peut dire que l'Éveil marque « la fin de la naissance, et de la vie sacrée; ce qui devait être fait a été fait, et il n'y a plus lieu de rien rechercher au-delà ».

Comme nous l'avons vu plus haut, le Nirvana est d'une tout autre nature que le monde matériel. Le Nirvana est immatériel. Au sens propre, le terme signifie « éteindre ». Car le Nirvana est comparable à un feu qui se serait entièrement consumé, ou réduit en cendres. Au cours d'un sermon resté célèbre, le Bouddha a comparé la vie même à un feu; tout ce que nous percevons est enflammé par le feu de la passion, de la haine ou de l'illusion. Les perceptions, les sensations et les constructions psychiques ne font qu'alimenter la flamme du *duhkha,* du désir et de l'ignorance, et il faut attendre que tous ces aliments soient épuisés pour que la flamme s'éteigne. Le Nirvana est avant tout cessation : cessation du flux de la connaissance, des constructions psychiques, que celles-ci soient bonnes ou mauvaises, et cessation du *karma*. Cette idée d'une cessation totale ne paraît guère attrayante à première vue, et c'est sans doute cet aspect de sa doctrine qui a pu faire dire au Bouddha qu'il avait conscience d'aller à « contre-courant » des idées léguées par la tradition. Mais quiconque souscrit à l'exposé des deux premières Nobles Vérités ne peut qu'aquiescer à l'idée du Nirvana, qui apparaît comme l'unique solution, aussi radicale soit-elle. Le mot même de Nirvana n'a d'ailleurs pas été choisi au hasard puisque, sous une forme participiale, il peut également signifier « heureux ». La seule véritable félicité à laquelle l'homme puisse prétendre est l'absence de *duhkha,* et il y parviendra uniquement par la cessation de la connaissance et de la sensation. Alors cesseront les tourments et les angoisses de la passion, de la haine et de l'illusion pour laisser la place à un bonheur illimité et sans fin, même si ces mots ne sauraient rendre compte du Nirvana.

La Quatrième Noble Vérité

La Quatrième Noble Vérité définit le chemin qui conduit à la cessation du *duhkha*. Car le Bouddha n'a pas seulement révélé l'existence du Nirvana, il a également affirmé que ce dernier était à la portée de tous. La Voie Moyenne, qui mène au Nirvana, a été découverte et empruntée par le Bouddha lui-même. Rien ne s'oppose donc à ce que tous les hommes accèdent eux aussi au Nirvana, à condition qu'ils empruntent l'Octuple Sentier Sacré. L'Octuple Sentier repose sur huit comportements qu'il convient d'observer : Connaissance Droite, Pensée Droite, Langage Droit, Action Droite, Existence Droite, Effort Droit, Attention Droite et Méditation Droite. On le voit, cet enseignement n'est ni complexe ni ésotérique; il est avant tout pratique et repose donc essentiellement sur un effort personnel.

Dans ses sermons, le Bouddha avait coutume de résumer sa conception de la vie religieuse en trois mots : moralité, concentration et sagesse. Tels sont les trois degrés qui mènent à l'Éveil. La moralité affranchit l'âme du désir et du mauvais *karma,* dont on n'est jamais sûr que les réincarnations qu'il détermine permettront à nouveau la recherche de la sagesse. La pratique de la moralité est en outre le moyen le plus sûr d'inspirer le respect dans la société. Ce concept de moralité implique trois des commandements de l'Octuple Sentier Sacré : le Langage Droit, l'Action Droite et l'Existence Droite. Mais il tient également en cinq préceptes négatifs, à savoir l'engagement à ne pas tuer, à ne pas mentir, à ne pas voler, à ne pas se livrer aux désordres sexuels et à ne pas s'adonner à l'ivresse. Au cours de certaines cérémonies religieuses, les moines et, à un degré moindre, les adeptes laïcs font solennellement le vœu d'observer ces cinq préceptes. Mais ces préceptes peuvent être soumis à une interprétation plus ou moins large, certains laïcs, tels les éleveurs ou les agriculteurs, se trouvant dans l'impossibilité pratique de les respecter quotidiennement. De la même manière, les concepts de Langage Droit et d'Action Droite doivent-ils être pris dans leur acception la plus étendue : ne pas mentir signifie ainsi ne rien dire qui puisse porter préjudice à autrui; ne pas voler implique également la générosité envers son prochain, etc. Dûment pratiquée, la moralité n'a pas seulement pour avantage d'éviter l'accumulation d'un mauvais *karma;* c'est aussi l'assurance d'une réincarnation plus heureuse, au cours de laquelle il sera peut-être possible d'atteindre le Nirvana, si cela s'est avéré impossible dans le cadre de cette vie.

Détail du Parinirvana du Bouddha, tel qu'il a été représenté par des artistes de l'époque gupta (Ve siècle) dans la grotte 26, à Ajanta. Le Parinirvana, ou extinction totale, représente la mort physique du Bouddha et la fin du cycle de la réincarnation. Cette scène, très souvent représentée sur les bas-reliefs de l'école du Gandhara, peut atteindre des dimensions colossales. D'une longueur totale de plus de sept mètres, le Bouddha est ici représenté dans une pose conforme aux canons de l'iconographie traditionnelle : gisant sur le flanc droit et la tête reposant sur un coussin, une main sous la joue, comme s'il était plongé dans un profond sommeil. Les hommes et les dieux qui sont représentés à côté de lui sont de taille minuscule.

Le niveau supérieur de la vie religieuse est celui de la concentration. Sous ce terme se rangent trois autres éléments de l'Octuple Sentier Sacré : l'Effort Droit, l'Attention Droite et la Méditation Droite. L'Effort Droit est un effort mental visant à exercer le plus possible l'attention et à contrôler, grâce à la méditation, les émotions ou les états d'âme qui peuvent se manifester. L'attention, qui compte parmi les concepts fondamentaux du bouddhisme, n'est ici rien d'autre que l'observation des choses telles qu'elles sont. Cette attitude d'esprit, sans laquelle on ne saurait parvenir à la Méditation Droite, marque le premier des huit niveaux de contemplation qui mènent à la sagesse. Nous voici ainsi parvenus au troisième et dernier degré de la vie spirituelle, auquel se rattachent les concepts de Connaissance Droite et de Pensée Droite. Car la sagesse, ou l'Éveil, équivaut à une libération, et à l'assurance d'une paix infinie après la mort.

Il s'agit là d'un programme complet visant à cultiver l'âme et l'esprit. La pratique de l'attention doit s'appliquer à toutes choses, qu'il s'agisse d'états mentaux ou seulement corporels. Selon les mots mêmes du Bouddha, « c'est l'unique chemin menant à la purification des êtres, à la suppression du chagrin et du malheur, à l'affranchissement des souffrances et des douleurs, et conduisant au Nirvana... ». La méthode proposée par le Bouddha consiste à observer les émotions, les sentiments et les manifestations dont notre corps est le théâtre sans passion, mais avec intelligence. Même dans nos actions les plus quotidiennes telles que marcher, s'asseoir ou manger, il convient de bannir toute rêverie éveillée au profit d'une concentration de tous les instants. Alors seulement nous serons à même de comprendre le fonctionnement du corps, de savoir de quoi il est fait, sans nous laisser séduire par des qualités extérieures et passagères telles que la beauté. Cette conception se trouve exprimée dans un poème célèbre, le *Vijayasutta :*

« Marcher ou rester debout, s'asseoir ou se coucher, étendre les bras ou les replier, tout ceci ne sont que des mouvements de notre corps.

« Celui-ci est maintenu par les os, les tendons, la peau, la chair et la graisse, mais le fait qu'il soit recouvert de peau nous empêche de le voir tel qu'il est en réalité.

« Le corps est fait d'intestins, d'un estomac, d'un foie, d'une vésicule, d'un cœur, de deux poumons, de deux reins, d'une rate, de sueur, de moelle, de sang, de liquide synovial, de bile et de graisse.

« Des impuretés s'écoulent constamment de ses neuf orifices : sécrétions des yeux, des oreilles et du nez, vomissures par la bouche, excrétion de bile et de phlegme, transpiration de la peau.

« Lorsque l'homme meurt, son corps est abandonné, noir et gonflé, et ses proches mêmes ne le reconnaissent plus. Il devient la proie des oiseaux et des chacals, des corbeaux et des loups, des vers et des autres créatures. Mais le moine qui a reçu l'enseignement du Bouddha reconnaît le corps pour ce qu'il est. « Tel il est ici, tel il est là; tel il est là, tel il est ici »; et gardant toujours présente à l'esprit cette parole du maître, il sera affranchi de tous les désirs du corps. »

Cela ne signifie pas que l'attitude bouddhiste soit une attitude de refus ou de dégoût devant le monde. Mais il importe d'observer attentivement nos émotions et nos sentiments si l'on veut comprendre comment ceux-ci peuvent naître, puis s'éteindre. Le dégoût n'est rien de plus qu'un de ces sentiments. Comme le dit le poème, il importe avant tout de voir les choses telles qu'elles sont. L'auteur ne s'est efforcé de mettre en évidence le caractère périssable du corps que pour démontrer que les plaisirs qui en dérivent sont, eux aussi, condamnés à périr. Car le chemin qui mène à l'éveil passe par la connaissance de la véritable nature des choses. Il n'est pas jusqu'aux états d'âme incontrôlés qui ne doivent être soumis à un examen attentif. La colère, le doute, l'anxiété, la paresse, le désir, tous ces sentiments doivent être analysés en toute sérénité. Mais l'adepte du bouddhisme doit se garder de privilégier tel ou tel état d'âme, pas plus qu'il ne doit s'attacher à la méthode utilisée. A ce propos, le Bouddha recourait volontiers à l'image d'un radeau qu'on abandonne sur la rive après qu'il vous a aidé à traverser le fleuve : le voyageur qui se mettrait en tête de transporter le radeau sur son dos, une fois que celui-ci a rempli sa fonction, ne ferait que ralentir sa course.

Par cette forme de méditation, l'aspirant au Nirvana accédera à des niveaux de connaissance toujours plus élevés. Le premier de ces états mystiques, ou *Dhyana,* lui permettra de s'affranchir de la colère, du doute, de l'anxiété, du désir et de la paresse pour atteindre au détachement, à la joie et à la félicité. Le second *Dhyana* se caractérise par la suppression des activités intellectuelles, la fixation de l'esprit sur un point unique et une concentration complète, que ne troublent ni les sensations, ni les constructions psychiques d'aucune sorte. Au niveau supérieur, c'est-à-dire dans le troisième *Dhyana,* la joie s'évanouit pour ne laisser place qu'à la félicité et à la paix de l'âme. Dans le quatrième *Dhyana,* enfin, la félicité disparaît à son tour et il ne reste que la paix de l'âme, libérée de toutes les dualités du type bien-être ou souffrance, joie ou peine, plaisir ou douleur. Au terme des quatre *Dhyana*, l'esprit devient ainsi un pur instrument d'une grande puissance. « Imaginez un instant, Maharaja, une pierre précieuse, un lapis-lazuli à huit facettes, brillant et poli, d'une eau parfaitement pure et cristalline, traversé d'un filet bleu, jaune, rouge ou blanc. Un homme qui tiendrait la pierre dans ses mains verrait ce filet de couleur absolument inaltéré. C'est ainsi, Maharaja, qu'apparaît le moine dont l'esprit, purifié de toute impureté, est exclusivement tourné vers la poursuite de la sagesse parfaite. »

Parvenu à ce stade, le fidèle est censé avoir acquis les six pouvoirs psychiques; il est désormais en mesure de multiplier son corps, de devenir invisible, de voler dans les airs, de traverser les matières solides et de toucher le soleil et la lune avec la main. La légende rapporte que le Bouddha fut une fois convié à se mesurer aux autres chefs religieux de son temps, dans la ville de Shravasti. Lorsqu'il fut question d'évaluer les pouvoirs miraculeux des uns et des autres, le Bouddha surpassa tous ses adversaires en se multipliant plus d'un millier de fois, et cela aussi haut dans le ciel que le regard pouvait porter. Par la suite, il s'empressa de bannir ces manifestations et les interdit à ses disciples sous le prétexte qu'elles ne sauraient conduire au Nirvana, et qu'elles rabaisseraient son enseignement au niveau d'un spectacle de foire.

Pour finir, l'adepte de la méditation passe successivement par quatre phases au cours desquelles sa conscience s'élargit toujours davantage. La première l'amène à percevoir le caractère infini de l'espace; la seconde, le caractère infini de la connaissance; la troisième le plonge dans un état d'où toute perception est exclue, à l'exception de celle de sa conscience; la quatrième, enfin, abolit les frontières entre perception et non-perception : c'est l'Éveil, ou l'Illumination. Au cours de ces méditations, le fidèle aura appris à comprendre l'esprit des autres êtres vivants, à percer le mystère de ses vies antérieures et à assister à la mort ou à la naissance des autres créatures. Telles furent en effet les facultés qui furent données au Bouddha lorsqu'il connut l'Illumination, sous le figuier sacré de Gaya, et qu'il mit plus tard en pratique afin de savoir qui, de ceux qu'il rencontrait, était susceptible de recevoir son enseignement. Ce sont ces facultés, encore, qui permettent d'accéder aux Quatre Nobles Vérités dans leur signification la plus profonde, et de comprendre la nature et l'origine de ces trois sentiments impurs que sont la passion, la haine et l'illusion. Les ayant reconnus pour tels, nous sommes alors à même de nous libérer de la sensation et de la perception, pour atteindre au Nirvana. « Imaginez un instant, Maharaja, un bassin alimenté par une source cachée, ses eaux claires, brillantes et parfaitement lisses, et un homme posté sur le bord qui en apercevrait chacun des coquillages, chacun des mollusques, jusqu'au plus petit caillou, jusqu'aux branchies des poissons immobiles ou en mouvement. De la même façon, la vision devient-elle parfaitement claire lorsqu'on a pénétré la vérité de la souffrance, l'origine de la souffrance, la cessation de la souffrance, et la voie qui conduit à la cessation de la souffrance. Alors le sage peut s'écrier : « Je suis libre; toute renaissance est exclue, la sainteté est atteinte, le devoir accompli; je ne reviendrai plus ici-bas. »

Le Bouddha fut un prédicateur qui a toujours invité ses auditeurs à venir se rendre compte par eux-mêmes du bien-fondé de sa doctrine. A cet égard, ses disciples furent les meilleurs propagateurs de la foi bouddhiste. Les textes anciens font état de la forte impression que les premiers bouddhistes faisaient sur leurs contemporains par leur sérénité et leur humeur joyeuse et paisible. Les poèmes composés à cette époque sont d'ailleurs empreints de cette joie que procurent la liberté, l'indépendance et la certitude de comprendre les choses « telles qu'elles sont », dans la Roue de la Loi. Le Bouddha lui-même a préféré fonder son enseignement sur la clarté et la lucidité, et en s'appuyant sur une moralité sévère, plutôt que sur les rites innombrables qui caractérisaient la religion brahmanique de l'époque. La doctrine bouddhiste est une doctrine essentiellement logique. La meilleure preuve de la réalité du Nirvana était incarnée par les illuminés qui, après avoir embrassé la foi bouddhiste, s'efforçaient de la propager autour d'eux. Aussi longtemps que ceux-là vivaient, il n'était point besoin de recourir à des arguments irrationnels ou à une foi aveugle, sinon dans l'efficacité du Dharma. Le Bouddha prit également soin d'organiser sa communauté de fidèles laïcs et religieux sous le signe de la cohérence et de l'unité, afin de réduire les risques de division. Pour cela, il demanda à ses disciples de se réunir aussi souvent que possible pour réciter les textes sacrés, et de se soumettre à la discipline monastique. Les conditions de la survie furent ainsi assurées, et au cours des quinze siècles qui suivirent, le bouddhisme fut appelé à une expansion toujours croissante. Car bien qu'elle se soit entre-temps éteinte, après une longue et glorieuse histoire, dans le pays qui l'a vue naître, la nouvelle religion n'en a pas moins conquis tout le continent asiatique, de la Mongolie à l'Indonésie et de l'Afghanistan à la Corée et au Japon. Elle compte aujourd'hui parmi les trois plus importantes du monde.

Les lieux sacrés du bouddhisme

Le temple Mahabodhi à Bodhgaya, dans le nord-ouest de l'Inde. C'est là, sous l'arbre de la Bodhi (à droite sur la photo), que Siddharta Gautama aurait connu l'Illumination et qu'il serait devenu le Bouddha, l'Éveillé. « Dans les temps anciens, a écrit Hsüan Tsang, lorsque le Bouddha était vivant, l'arbre atteignait plus d'une centaine de mètres de hauteur. Bien qu'il ait considérablement souffert de tailles répétées, il mesure encore douze à quinze mètres de haut... Ses feuilles ne jaunissent ni en hiver ni en été, mais elles demeurent lisses et brillantes toute l'année. C'est seulement lorsque revient le jour du Nirvana que ses feuilles sèchent et tombent mais, en l'espace d'un instant, l'arbre reverdit entièrement. » On aperçoit, au premier plan, le « trône de diamant » (vajrasana), *dalle sculptée datant vraisemblablement du* III*e siècle av. J.-C. Page précédente, le Bouddha de Mathura, sculpture de l'époque gupta.*

Le Bouddha descendant du Ciel des Trente-Trois Dieux, accompagné d'Indra, à droite, et de Brahma, à gauche (stèle du VIII*e*-IX*e* *siècle, conservée au Musée national de New Delhi). On remarquera la protubérance crânienne, l'*ushnisha, *sur la tête du Bouddha, l'un des trente-deux symboles divins par lesquels se manifeste sa sagesse parfaite.*

Le temple Mahabodhi (à gauche), à Bodhgaya, est le plus sacré de tous les sanctuaires bouddhiques. Il fut bâti entre le Ier et le IIIe siècle sur l'emplacement d'un ancien temple érigé sous le règne de l'empereur Ashoka (272-231 av. J.-C.), et restauré au siècle dernier. Construit en briques, il a la forme d'une tour pyramidale, haute de 55 mètres et flanquée de quatre tourelles aux quatre angles. L'intérieur du sanctuaire abrite une grande statue entièrement recouverte de feuilles d'or et représentant le Bouddha au moment de l'Éveil. Bodhgaya, qui figure parmi les quatre lieux saints du bouddhisme, est resté jusqu'à nos jours un haut lieu de pèlerinage.

Page ci-contre, les ruines du monastère de Nalanda, au sud-est de Patna, dans l'État du Bihar. Du Ve au XIIe siècle, Nalanda abrita la plus grande université bouddhique de toute l'Asie. Le pèlerin chinois Hsüan Tsang, qui y séjourna longtemps, en a rapporté les impressions suivantes : « Les prêtres, au nombre de plusieurs milliers, sont des hommes de talent et d'une grande intelligence. Leur mérite est reconnu par tous, et ils sont plusieurs centaines dont la réputation s'est étendue jusque dans les régions les plus lointaines. Leur conduite est pure et sans tache; ils obéissent fidèlement, et en toute sincérité, aux préceptes de la loi morale. Le monastère est régi par des règles sévères, que tous les prêtres sont tenus de respecter. Pour eux, la journée est trop courte pour qu'ils puissent répondre aux questions profondes qu'ils se posent; du matin au soir, ce ne sont que débats et discussions; jeunes et vieux s'entraident fraternellement... Des érudits originaires de toutes les villes de l'Inde et soucieux d'acquérir rapidement une réputation viennent ici en grand nombre afin de dissiper leurs doutes, et il n'est pas rare que leur sagesse se répande bientôt dans tout le pays... Si des gens d'autres contrées veulent entrer et prendre part aux discussions, ils doivent d'abord se soumettre à un questionnaire difficile à l'entrée; nombreux sont ceux qui sont incapables d'y répondre et qui doivent se retirer. Nul n'est admis sans une profonde connaissance des textes anciens et modernes. Quant à ceux qui passent déjà pour savants, ils doivent faire la preuve de leurs capacités au cours de discussions très ardues; on estime que la proportion de ceux qui réussissent est à peine de deux ou trois sur dix. »

Une ancienne ruine sur la colline des Vautours (Gridhrakuta), *près de Rajgir (autrefois Rajagriha). Capitale du Maghada, Rajgir, la ville aux cinq collines, était à l'époque du Boudha protégée par une enceinte de près de quarante kilomètres de long. Elle était alors gouvernée par Shrenika Bimbisara (545-490 av. J.-C.), qui fut le fondateur de la dynastie des Haryanka et le premier roi à se convertir au bouddhisme. La tradition prétend que le Bouddha aimait à faire retraite dans cette région durant la saison des pluies, pour y prêcher la loi du* Dharma. *En 1969, un temple fut érigé sur cette colline à l'initiative de la communauté bouddhique du Japon. C'est également à proximité de Rajgir, dans la grotte de Saptapani, que s'est tenu le premier concile bouddhique, deux mois après la mort du maître.*

Ci-dessus, les pics jumeaux du mont Pragbodhi; on aperçoit, dans le lointain, le fleuve Nairanjana (aujourd'hui, Phalgu), tributaire du Gange, qui baigne les environs de Bodhgaya. C'est ce fleuve que le Bouddha aurait traversé miraculeusement pour se rendre sous le figuier sacré, où il connut l'Éveil. Cet épisode a été amplement représenté dans l'iconographie bouddhique, comme en témoigne le bas-relief de Sanchi (voir page 56).

Pages suivantes, moines tibétains devant le stûpa *Dhamekh de Sarnath, en train de réciter la formule sacrée* Om mani padme hum. *Sarnath, localité voisine de Bénarès, est un haut lieu de pèlerinage pour tous les bouddhistes : c'est en effet dans cette ville, dans le parc des Gazelles, que le Bouddha a prononcé son premier sermon. Plusieurs monuments y furent érigés à l'époque maurya et gupta et, du* V*e au* XII*e siècle, la ville fut le centre d'une intense activité religieuse. Citons, parmi les monuments les plus célèbres de Sarnath, la colonne d'Ashoka, dont le chapiteau orné de lions est devenu l'emblème national de l'Inde.*

Page ci-contre, vue de Sarnath avec, au premier plan, les ruines du monastère Dharmarajika, le stûpa Dhamekh et, au fond, le temple Malagandhakuti, construit en 1931 par la Société Maha Bodhi de l'Inde, du Japon et de Ceylan. C'est à Sarnath que le Bouddha fonda sa première communauté de moines, qu'il envoya ensuite prêcher sa doctrine aux quatre coins du pays. Construit au IIIe siècle av J.-C. par l'empereur Ashoka, le monastère Dharmarajika a longtemps abrité les ossements du Bouddha avant d'être détruit au XVIIe siècle. Le stûpa Dhamekh est une massive construction de pierres et de briques de la période maurya, qui fut recouverte à l'époque gupta d'un revêtement de pierre orné de sculptures.

Ces ruines (ci-dessous) passent pour être celles du monastère Gandhakuti, que le marchand Anathapindika aurait fait construire dans le jardin de Jetavana, à Shravasti, pour en faire don au Bouddha. Hsüan Tsang nous rapporte l'histoire en ces termes : « Voyant que les jardins du prince Jetavana étaient agréablement situés, Anathapindika décida de se porter acquéreur auprès du prince; mais celui-ci lui répondit en se moquant : « Si vous pouvez le recouvrir de pièces d'or, le jardin est à vous. » A ces mots, Anathapindika fut rempli de joie et, faisant aussitôt ouvrir ses coffres, il entreprit de couvrir le sol de pièces d'or. Bientôt, il ne resta plus qu'un petit espace vide, et le marchand déclara : « Le champ de Boudha est la Vérité; je veux y planter de la bonne graine. » Et, sur l'espace resté vide, il fit bâtir un monastère. »

Pages suivantes, la colonne d'Ashoka à Lauriya Nandangarh, dans le Bihar. De toutes les colonnes érigées par l'empereur maurya, c'est la mieux conservée et la seule qui soit restée à son emplacement d'origine. Son fût légèrement conique est surmonté d'un chapiteau en forme de lotus renversé, et couronné du lion traditionnel. Séduit par la piété et l'esprit de tolérance de la religion nouvelle, l'empereur Ashoka aurait embrassé la foi bouddhique au sortir d'une guerre particulièrement éprouvante, consacrant dès lors le reste de sa vie à propager l'enseignement du maître. La plupart de ces colonnes portent des inscriptions inspirées de l'éthique bouddhique, qui comptent parmi les premiers témoignages de l'épigraphie indienne.

C'est sous le règne d'Ashoka, et en grande partie grâce à son zèle missionnaire, que le bouddhisme a véritablement commencé à se répandre sur tout le subcontinent indien pour devenir une religion universelle. Voici en quels termes lui-même prêchait la tolérance religieuse : « Toutes les sectes exigent de leurs adeptes la domination des sens et la pureté de l'âme... Pour toutes les sectes, le Bien représente l'objectif suprême... Ce but de l'existence peut être atteint, c'est vrai, de bien des manières selon les sectes. Mais il faut, avant toute chose, savoir modérer son propre langage, et ne pas exalter sa propre communauté au détriment des autres... Il convient de rendre honneur aux autres sectes, et ceci en toutes occasions. Quiconque se comportera ainsi agira pour le bien de sa propre secte et pour le bien de tous. »

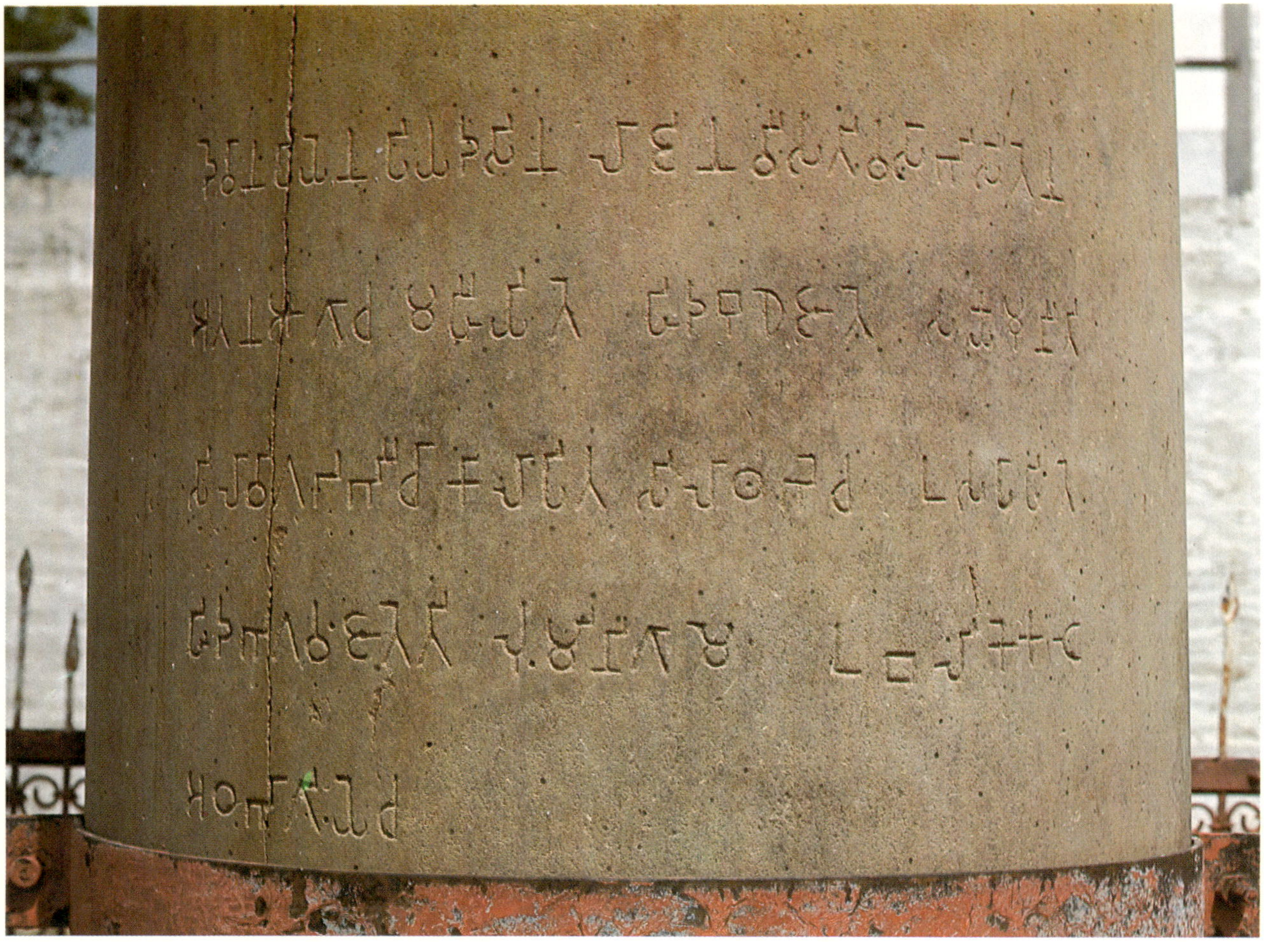

Ci-dessus, inscription sur la colonne d'Ashoka, à Lumbini. C'est dans un jardin de Lumbini (aujourd'hui Rummindei, au Népal), près de la ville de Kapilavastu, que la tradition situe la naissance de Siddharta Gautama. Cette tradition s'est trouvée confirmée par la découverte, en 1895, d'une colonne érigée en 249 av. J.-C. par l'empereur Ashoka à Rummindei, dans le Terai népalais, afin de commémorer le pèlerinage qu'il avait effectué au village natal du Bouddha. L'inscription, en langue magadhi et en caractères brahmi, fait état, entre autres, de l'exemption d'impôts accordée au seigneur du village, « parce que le Bouddha est né en ces lieux ». En 1898, on a en outre trouvé dans la région une urne funéraire en stéatite contenant des fragments d'os et des parures d'or et de pierres précieuses, avec cette inscription : « Cette urne des reliques du bienheureux Bouddha, de la famille des Shakya, est un pieux souvenir des frères et des sœurs, des fils et de leurs épouses. » Mais tous les orientalistes ne s'accordent pas sur le sens à donner à cette découverte, certains érudits ne voulant y voir qu'une indication concernant les parents du Bouddha, dont la tradition veut qu'ils aient été tués par le roi Vidudabha.

*Page ci-contre, Bouddha assis, stèle de l'époque des Kushana (Ier siècle de notre ère) provenant de Katra, dans l'Uttar Pradesh, et conservée au Musée archéologique de Mathura. Le Bouddha, que l'on voit ici assis sous l'arbre de la Bodhi, lève la main droite en signe d'apaisement, dans la posture dite de l'*abhaya-mudra*. C'est l'une des plus anciennes représentations du Bouddha sous sa forme humaine. On remarquera les quelques symboles bouddhiques gravés sur la plante de ses pieds. L'inscription, en caractère brahmi, le qualifie de* bodhisattva*, c'est-à-dire celui qui est sur le point de s'éveiller à la Connaissance.*

Le Bouddha en train de prononcer son premier sermon dans le parc des Gazelles de Sarnath, art gupta du v*e* *siècle (Musée archéologique de Sarnath). La position de ses mains* (dharma-cakra-mudra) *indique que le Bouddha est en train de « mettre en marche la Roue de la Loi ».*

Les dieux des Hindous

Le trait le plus frappant de l'hindouisme est le polythéisme. D'innombrables dieux sont vénérés dans les temples et sur les autels, décrits dans les ouvrages mythologiques et religieux, représentés dans les sculptures ou les peintures indiennes. Une estimation digne de foi, basée sur des sources mythologiques, révèle en effet l'existence de trois cent trente millions de divinités, ce chiffre fabuleux comprenant les dieux qui font l'objet d'un culte national aussi bien que les innombrables esprits des arbres ou des fleuves vénérés dans les provinces les plus reculées. Les lieux de culte peuvent être de minuscules huttes, mais aussi d'énormes complexes tels que ceux qui ont été érigés en Inde méridionale, entourés de trois enceintes ou plus, et qui renferment dans leurs murs de véritables cités. Ceci n'empêche pas les Hindous d'évoquer constamment un dieu unique, ou *Bhagavan*, qu'ils vénèrent comme un esprit suprême. « La cruche est un dieu, et la pierre, une déesse » affirme un poète de la secte shivaïte, qui poursuit : « Les dieux, les dieux sont partout. Il n'y a toutefois qu'un seul et unique Dieu, le seigneur Shiva. » Quand bien même les Hindous semblent pratiquer un culte monothéiste, ce dernier n'est jamais uniforme. Vishnu peut être adoré sous sa forme primitive ou à travers ses divers *avatara*, tandis que son épouse, au cours des grandes festivités célébrées en son honneur au Bengale, est vénérée tour à tour sous les traits de la redoutable Kali ou de la gracieuse Durga.

Depuis les temps les plus anciens, les Indiens se sont toujours adonnés à des spéculations philosophiques sur la véritable nature de l'univers. Les premiers textes qui en témoignent sont les *Upanishads*, ensemble de traités d'inspiration philosophique et religieuse dont la composition débuta vers le VIe ou le Ve siècle av. J.-C., peu de temps avant l'apparition du Bouddha. Ces textes, qui font partie des écritures védiques « révélées », comptent parmi les recueils les plus sacrés de la littérature indienne. Ils nous permettent en tout cas de voir à quel point la pensée hindoue peut être imprégnée par la multiplicité de l'univers. Pour les Hindous, le monde matériel, peuplé d'une infinité d'espèces végétales et animales, est à l'image de l'esprit de l'homme, chargé d'innombrables pensées, sensations et impressions sans cesse renouvelées. L'art de l'Inde reflète fidèlement cette tournure d'esprit. La littérature sanscrite est farcie d'interminables listes de noms ou d'épithètes, et privilégie souvent la forme au détriment du contenu en exploitant à fond les ressources grammaticales et phonologiques de la langue. Des poèmes entiers se prêtent à une lecture à deux niveaux, de façon à relater deux récits en un seul. Les chefs-d'œuvre de l'architecture religieuse hindoue sont ornés de riches sculptures qui visent à reproduire, dans toute leur variété et dans toute leur exubérance, les phénomènes du monde visible. Car les temples s'offrent avant tout comme un reflet du monde palpitant et multiforme qu'ils ont pour fonction de servir. Cette conception est à la base de toute la vie intellectuelle des Hindous. L'histoire de l'Inde ne se présente pas comme celle de l'Occident ou de la Chine, qui est le plus souvent une chronique scrupuleuse d'événements passés. La civilisation hindoue préfère en effet la mythologie féconde des *Purana*, qui couvre de très longues périodes sans se soucier aucunement de vraisemblance et d'uniformité.

Depuis l'époque reculée des *Upanishads*, les penseurs et les philosophes hindous ne se sont jamais départis de la conviction que l'univers visible ne correspondait pas à la réalité absolue. Les auteurs des textes sacrés éprouvaient la nécessité d'un principe autonome et éternel, susceptible d'assurer la félicité céleste. Le concept traditionnel, védique, d'une bénédiction divine après la mort fut bientôt battu en brèche par la notion du *samsara*, à savoir le cycle continu de la réincarnation des âmes. Comme le Bouddha, les philosophes de cette époque méditèrent activement sur les moyens de rompre la chaîne de la transmigration des âmes. Toutefois, les auteurs des *Upanishads* s'engagèrent sur une voie différente de celle du Bouddha en décrétant l'existence d'une entité éternelle, immuable et toute-puissante, le Soi, ou *atman*, principe individuel correspondant aux couches les plus profondes de la personnalité humaine. Pour les penseurs de cette époque, l'*atman* équivalait, sur le plan macrocosmique, au fondement de l'univers, souvent appelé *Brahman*, ou l'Absolu. Un passage célèbre de l'*Upanishad Chandogya* nous décrit en effet les deux entités comme identiques : « Cette essence subtile et invisible est l'esprit du monde entier. Elle est la vérité, la réalité. Tu es en elle et elle est en toi. » En postulant l'existence d'un Soi éternel, au niveau cosmique comme au niveau individuel, les *Upanishads* soulevaient en fait le problème des rapports entre le Soi et la multiplicité du monde de la perception. Comment peut-on affirmer que le Soi dissimulé dans chaque être humain a davantage de réalité que le monde extérieur? Comment accéder du monde quotidien au monde de l'éternité? Qu'advient-il du monde matériel une fois que l'on a atteint l'Absolu grâce au *Moksha*, à la libération? Ces interrogations ont suscité maintes réponses au cours de l'histoire de la pensée hindoue. L'hindouisme ne se présente pas comme un courant philosophique et religieux unique, mais bien plutôt

Bas-relief de la période gupta ornant la grotte 5, à Udayagiri, dans le Madhya Pradesh, et représentant la troisième incarnation (avatar) *de Vishnu, Vahara, doté d'un corps d'homme et d'une tête de sanglier. Le dieu qui, selon la légende, serait descendu sur terre pour la sauver d'une inondation cosmique porte sur son épaule Bhumidevi, la déesse de la terre. Dans la mythologie hindoue, Vishnu intervient chaque fois que le monde court le risque d'une destruction physique, morale ou spirituelle; on lui prête dix* avatara *ou incarnations : Matsya le poisson, Kurma la tortue, Vahara le sanglier, Narasimha l'homme-lion, Vamana le nain, Parashurama, Rama, Krishna, Bouddha et enfin Kalkin, l'incarnation future. Citons Krishna, dans la* Bhagavad Gita *: « Chaque fois que l'ordre défaille ô Bhâratide, et que le désordre s'élève, c'est alors que moi, je me produis moi-même. Pour la protection des bons et la destruction des méchants, pour rétablir l'ordre, d'âge en âge, je viens à l'existence. » (La* Bhagavad Gita, *traduit du sanscrit par Anne-Marie Esnoul et Olivier Lacombe)*

comme un ensemble hétérogène, reposant sur des dogmes et des pratiques d'inspiration très variée. L'école moniste de Shankara Acharya, fondée au IXe siècle, affirme ainsi que la réalité et l'absolu ne font qu'un, et que le concept de multiplicité est erroné, tout comme la vision du monde auquel il se rattache. A l'opposé, l'école moniste dite de Ramanuja (XIIe siècle) tient, pour sa part, que tout être vivant est doté d'une âme individuelle qui procède de l'âme suprême, Vishnu, et que toutes les âmes, comme les corps qui les abritent, contribuent après leur libération à former le corps de Dieu. En dépit de ces divergences, nous pouvons distinguer une série de concepts fondamentaux et, pourrait-on dire, caractéristiques de la pensée hindoue.

Le plus important d'entre eux est celui de la *maya*. Cette notion, profondément ancrée dans la mentalité hindoue, repose essentiellement sur l'idée que l'Absolu est, par nature, éternel et inconnaissable. En cela, il se trouve aux antipodes de notre perception du monde et, s'il faut en croire les *Upanishads,* la seule façon correcte de le décrire consiste à dire : « Non, non, pas ainsi, pas ainsi. » L'Absolu transcende toutes les dualités du type froid et chaud, grossier et subtil, grand et petit, etc. Il n'est pas soumis aux règles qui régissent le monde visible et ne saurait donc être classé selon les critères dualistes traditionnels. Par rapport à la vérité, le monde matériel apparaît ainsi comme secondaire, voire illusoire, dans la mesure où il se présente comme la vérité même. C'est qu'il est l'œuvre de la *maya.* A l'origine, ce terme servait à désigner le mystérieux pouvoir créateur d'un dieu, lequel pouvait agir pour le bien des hommes ou, au contraire, pour les leurrer. Le mot contient donc à la fois l'idée de création et celle d'une tromperie, d'une illusion. Les Hindous ont toujours eu tendance à considérer le monde visible comme une apparence, non comme une réalité. On ne doit pas en conclure qu'il faille nier l'existence du monde visible; simplement, il convient de reconnaître qu'il obéit à d'autres lois que l'Absolu. Les monistes de l'école de Skankara illustraient le terme de *maya* par la célèbre parabole de l'homme et de la corde. Un jour, un homme qui cheminait le long d'une route aperçut par terre une corde enroulée sur elle-même, qu'il prit pour un serpent. Il recula sur-le-champ, saisi de frayeur, puis il se rendit compte que le serpent n'était rien d'autre qu'un morceau de corde. Toute peur s'évanouit et l'homme redevint lui-même, mais il n'avait pu s'empêcher de réagir comme un passant confronté à un serpent dangereux. De la même façon, lorsque nous sommes induits en erreur par la *maya,* cette force mystificatrice qui est l'œuvre de l'ignorance et de l'illusion, le monde obéit-il aux lois de l'univers; en revanche, lorsque nous prenons conscience qu'il n'est d'autre réalité en dehors de celle du Soi, le monde visible s'évanouit et ses lois cessent d'être applicables. Seules, la mort et la disparition physique mettent un terme définitif à l'illusion de l'existence individuelle. Cette notion de *maya,* qui n'était à l'origine qu'une hypothèse d'école, a reçu en Inde un accueil universel. Et les philosophes hindous s'inspirent souvent de la théorie d'après laquelle le monde de la perception agirait à différents niveaux, selon qu'on se situe sur celui de la vérité conventionnelle celui ou de la vérité absolue.

De la même manière peut-on distinguer, dans le monde visible, différents niveaux d'existence. Outre les créatures végétales et animales, il y a également les esprits des arbres, des lacs et des fleuves, et puis les créatures diaboliques, fantômes et démons, qui se nourrissent de cadavres et qui habitent les régions infernales. Enfin, à l'échelon le plus élevé, on trouve les esprits bienfaisants et les divinités. Ces esprits et ces divinités peuvent exercer une influence bénéfique sur les activités des hommes, mais aussi semer la mort en provoquant des tempêtes, des inondations et autres catastrophes naturelles. Il convient aussi d'honorer les esprits des ancêtres défunts par des offrandes appropriées, sous peine de les voir se transformer en fantômes malfaisants. De nombreux événements sont soumis à l'influence des astres et certaines décisions, telles que le mariage, donnent toujours lieu à une consultation d'horoscope. Mais, qu'ils soient bienfaisants ou non, ces esprits ne sauraient aucunement influer sur le *karma* individuel, qui préside aux réincarnations futures. Car les esprits opèrent à un niveau bien déterminé, tandis que le *karma* affecte les conditions générales de la vie humaine. La mythologie hindoue abonde en récits relatant les châtiments réservés à tous ceux qui ont manqué à leur devoir de piété envers les esprits et les divinités. On peut noter à ce propos que la malédiction la plus courante consiste, pour les femmes, à être frappées de stérilité et, pour les hommes, à être privés de descendance. Tous ces esprits appartiennent au monde visible. En tant que tels, ils n'ont rien de commun avec le monde supérieur de la vérité absolue, et seraient même plutôt moins aptes que les humains à atteindre à la libération. Les hommes, toutefois, ne manquent pas de les adorer et de les vénérer, ne serait-ce que pour les bienfaits qu'ils peuvent en attendre. Le culte de ces esprits et divinités mineures est, le plus souvent, extrêmement localisé. Il n'est pas de village qui ne possède un ou plusieurs autels

Vishnu dormant sur le serpent Ananta, bas-relief de la période gupta (Ve siècle) provenant du temple de Dashavatara à Deogarth, dans l'Uttar Pradesh. En haut au centre, on aperçoit Brahma représenté avec trois têtes et siégeant sur une fleur de lotus. A ses côtés, Shiva et Parvati chevauchant le taureau Nandi (à droite), Indra sur l'éléphant Airatava et Karttikeya sur un paon (à gauche). Lakshmi, l'épouse de Vishnu, est assise à ses pieds. En termes mythologiques, Vishnu est ici représenté alors qu'il dort sur les eaux éternelles de la création, étendu sur le serpent Ananta, qui symbolise la patience et l'éternité. Brahma, que l'on voit ici assis sur une fleur de lotus issue du nombril de Vishnu, entendit un jour une voix qui lui enjoignit de méditer. Ne sachant d'où venait la voix, Brahma tourna la tête dans toutes les directions, et il se retrouva avec quatre têtes au lieu d'une. Les autres dieux profitèrent de l'occasion pour se mettre à la recherche des limites de Vishnu, mais ils revinrent tous bredouilles. Seul, Brahma mentit effrontément et il déclara les avoir découvertes, ce qui lui valut de perdre une tête, en guise de châtiment. Alors Brahma se plongea dans une profonde méditation jusqu'à sentir en lui la vibration de la syllabe sacrée, Om, *la force primordiale qui lui permit de créer le monde.*

consacrés à ces idoles, connues ou inconnues, qui font l'objet de maintes offrandes et cérémonies. Certains de ces esprits résident dans des troncs d'arbres, voire dans de simples pierres. Dans certaines régions, il n'est pas rare de voir des morceaux de tissu noués aux branches des arbres, en guise d'offrandes aux esprits du lieu. Certaines tribus de l'Inde, qui vénéraient leurs propres dieux, en sont venues à identifier plusieurs de leurs divinités à celles du panthéon hindou. Enfin, il arrive que le culte de divinités propres à certaines régions se répande largement au-delà de leur province d'origine.

Les divinités mineures issues du fond mythologique se situent à un niveau légèrement différent. Chacune d'entre elles est dotée d'un nom, de caractéristiques et d'attributs spécifiques. Certaines ont cessé d'être vénérées aujourd'hui, mais d'autres sont toujours à l'honneur et leur culte donne lieu, un ou plusieurs jours par an, à de somptueuses cérémonies. A cette occasion, on modèle des statues de paille et d'argile à leur effigie, qui sont délicatement peintes et revêtues de vêtements appropriés avant d'être exposées dans des pavillons spéciaux où les fidèles les honorent de leurs offrandes, de leurs chants et de leurs prières. Ces festivités se terminent généralement par une procession où les statues de la divinité sont transportées en grande pompe jusqu'à un fleuve ou une citerne, puis immergées. Des fêtes de ce genre se déroulent tout au long de l'année, avec de multiples variantes d'une région à l'autre. Sarasvati, déesse du fleuve du même nom et protectrice des arts et de la science sacrée, est le plus souvent représentée montée sur une oie blanche, et tenant un livre à la main. La vénération qu'elle suscite s'explique par le pouvoir qu'on lui prête d'accroître la connaissance et la sagesse. Le jour de la fête de Vishvakarman, le dieu des artifices, les Hindous ont coutume de rendre hommage à leurs instruments de travail en les colorant de poudre rouge et de décorer les maisons, les magasins et les voitures de guirlandes de fleurs. Au cours de la fête célébrée en l'honneur de Lakshmi, déesse du bien-être et de la prospérité, les Hindous se prosternent devant les coffres et les tirelires afin d'attirer sur eux la prospérité pour l'année qui vient. Parmi les autres dieux qui ont leur jour de fête, ou *puja*, figurent également Karttikeya (Skanda), le dieu de la guerre, Ganesha, le dieu à la tête d'éléphant auquel aucun obstacle ne résiste, ainsi que les divinités majeures du panthéon hindou : Rama, Krishna, Durga et Kali.

Sans faire véritablement l'objet d'un culte, certaines divinités n'en occupent pas moins une place privilégiée au sein de la hiérarchie religieuse. C'est le cas, entre autres, de Brahma, le dieu créateur dont le nom, abondamment chanté dans les *Purana*, n'apparaît plus de nos jours dans les poèmes à caractère religieux, pas davantage d'ailleurs que son effigie dans les œuvres d'art hindoues. Indra, jadis vénéré au titre de roi des dieux, est quasiment tombé en désuétude en même temps que son épouse, Indrani ou Saci. Un mythe s'est chargé d'expliquer cette disparition en prétendant que le jeune Krishna aurait un jour interdit aux gens de Vrindavana de rendre hommage à Indra, et qu'il aurait pris soin de les protéger de la colère divine en érigeant une montagne infranchissable. Les quatre quartiers de l'univers sont placés sous la garde de divinités relativement modestes, Soma, Varuna, Yama et Kubera; certes, leur culte n'a pas entièrement disparu puisqu'elles font encore l'objet d'offrandes propitiatoires, mais il a depuis longtemps perdu la ferveur populaire qu'il suscitait dans le passé. Parmi les divinités célestes, il faut mentionner les dieux des neuf planètes — ou plus précisément des sept planètes et des deux astres mythiques, Kahu et Ketu — qui sont souvent représentés sous forme iconographique. Mais nombreuses sont les divinités qui, à l'instar du dieu du soleil, Surya, jouissaient autrefois d'une grande popularité et qui semblent de nos jours avoir sombré dans l'oubli.

On peut supposer que nombre de ces divinités mineures ont été supplantées, dans l'esprit populaire, par les figures plus célèbres de Shiva, Vishnu ou Devi. Vénérés comme des rois dans les temples qui leur sont consacrés, ces dieux sont souvent accompagnés d'une cour nombreuse, dont certains des membres font l'objet d'une dévotion particulière. C'est ainsi que la monture habituelle de Vishnu, cette créature mi-homme mi-oiseau que l'on nomme le Garuda, ou celle de Shiva, le taureau Nandi, sont très souvent représentés sur le fronton des temples et jouissent au regard des autres dieux d'un statut semi-divin. De même, le fils de Shiva, Ganesha, apparaît-il souvent dans les temples consacrés à son père aux côtés du taureau Nandi. Rama est dépeint en compagnie de son épouse, Sita, de ses frères, Lakshama, Bharata et Shatrughna, et de son fidèle général, Hanuman, qui commande à l'armée des singes. En Inde septentrionale et occidentale, où Rama compte parmi les divinités les plus importantes, Hanuman a même suscité un culte, et on le représente souvent en train de s'ouvrir le cœur pour laisser apparaître, de façon symbolique, l'image de son maître. Krishna, autre divinité majeure du panthéon hindou, est quasiment toujours représenté en compagnie de son épouse Radha. Comme nous l'avons vu dans le premier chapitre, il n'est pas rare que les temples soient ornés,

à l'entrée de la cella, de statues à l'effigie des deux déesses fluviales, Ganga et Yamuna. Il nous faut enfin mentionner les divinités védiques que les Hindous invoquent à chaque cérémonie rituelle s'accompagnant d'une récitation du *Veda*, et parmi lesquelles figure, en bonne place, Prajapati, le patron des mariages.

Ce bref tour d'horizon nous a donné une idée de la multitude des divinités que les Hindous vénèrent en certaines occasions, sans pour autant leur vouer un culte quotidien. Toutes les activités humaines s'exercent sous le patronage d'une divinité, laquelle se garde bien d'intervenir dans les domaines qui ne sont pas les siens. Ceci ne fait d'ailleurs que rendre plus évidente encore la séparation traditionnelle entre la réalité conventionnelle, la *maya*, et la réalité absolue. Ces divinités mineures ne jouent aucun rôle dans la recherche d'une voie susceptible de mener à la libération, car elles sont indissociables du monde visible. On aurait tort, toutefois, de sous-estimer leur culte. Il est primordial, pour l'homme qui travaille, de savoir instaurer un rapport harmonieux avec les instruments de sa profession, tout comme il est important, pour celui qui recherche la vérité, de viser d'abord à la perfection morale. Ensuite seulement, l'un et l'autre pourront

Page ci-contre, sculpture gupta du Ve siècle représentant la déesse Ganga (Musée indien de Calcutta). Cette statue, où la déesse apparaît montée sur un makara, *animal marin fabuleux, ornait l'entrée du temple de Baxar, dans l'État du Bihar. A droite,* linga *orné d'une tête de Shiva, sculpture du Ve siècle provenant de la grotte 4 d'Udayagiri. Le troisième œil, sur le front du dieu, symbolise la transformation de l'amour physique en connaissance spirituelle. Dieu de la destruction, de la création et de la fertilité, Shiva est surtout honoré sous la forme phallique du* linga. *Selon la légende, Shiva aurait déclaré à ses fidèles : « Je suis le* linga *et quiconque m'adorera à travers ce symbole verra l'accomplissement de tous ses désirs et sera assuré d'avoir une place dans le Kailasha. »*

s'acheminer vers les sphères supérieures, et songer à atteindre l'état de libération finale. Sarasvati n'est pas seulement vénérée en tant que déesse protectrice des arts, mais aussi parce qu'elle est censée favoriser l'accroissement de la sagesse sacrée.

Le culte et l'invocation de ces divinités mineures sont étroitement liés à la mentalité des anciens Hindous, qui avaient coutume de diviser la vie en quatre périodes, ou *ashrama,* bien distinctes. La vie d'un Hindou obéit en effet à des règles sévères, dictées par la tradition. Au sortir de l'enfance, après avoir été investi du cordon sacré, qui symbolise son entrée dans les rangs des « deux fois nés », le jeune Hindou doit s'adonner à l'étude des textes sacrés sous la direction d'un gourou. Cette période se caractérise par une chasteté complète et la plus stricte obéissance du disciple envers son maître. Ensuite, au terme de ces études, il se purifie par un bain rituel et peut retourner vivre sous le toit paternel ou, mieux, fonder son propre foyer. Arrivé à ce stade de l'existence, tout Hindou a en effet le devoir de fonder une famille et de gagner sa vie afin de pourvoir à l'existence des siens. Parmi ses obligations quotidiennes, figurent les offrandes aux dieux, aux brahmanes, aux ancêtres et aux animaux. Les soucis matériels représentant une lourde charge pour un chef de famille, ce dernier pourra rarement se consacrer entièrement à la recherche de la vérité suprême et à l'enseignement religieux, et il devra donc se contenter de quelques pratiques rituelles. Ceci ne doit pas l'empêcher de poursuivre les trois objectifs qui constituent le but de l'existence humaine. Ces trois objectifs, qui sont respectivement la piété religieuse, ou *Dharma,* le bien-être matériel et le plaisir des sens, ne doivent pas être poursuivis séparément, mais tous les trois ensemble. Par *Dharma,* il faut entendre l'observance des règles morales et religieuses, dans le respect des conventions sociales et familiales. La recherche de la libération pouvait en effet sembler trop ardue à un homme chargé de famille, et l'on vit bientôt le Bouddha se contenter de prêcher la moralité à ses fidèles laïcs, si ceux-ci ne pouvaient le suivre sur la voie du Nirvana. De fait, la libération, ou *Moksha,* ne fait pas véritablement partie du *Dharma* car elle vise à l'absolu, tandis que les trois autres objectifs n'ont trait qu'au monde visible. Il s'agit vraisemblablement d'un ajout ultérieur. Lorsqu'un homme devenait grand-père, et qu'il voyait ses cheveux blanchir, il devait s'éloigner avec sa femme et se retirer dans les forêts en emmenant avec lui le feu sacré. Là, vêtus simplement, tous deux menaient une vie retirée en se nourrissant de fruits et de racines et en observant les pratiques religieuses. Le

Cat. p. 118.

Couple d'amants, sculpture du II*e* *siècle conservée au Musée indien de Calcutta. Dans l'hindouisme, et plus spécialement le tantrisme, l'union sexuelle, ou* mithuna, *est l'une des voies les plus directes menant au salut, car elle libère l'énergie cosmique, ou* kundalini. *Cette union permet en effet à l'homme et à la femme de transcender leur condition humaine pour devenir l'incarnation de Shiva et de son épouse, Shakti, en abolissant le monde extérieur et en retrouvant l'unité originelle. De fait, le* mithuna *représente l'union des contraires cosmiques : le masculin et le féminin, le Soleil et la Lune, le Ciel et la Terre.*

concept de *Moksha* remonte sans doute à une époque où les trois objectifs avaient déjà été formulés, et où commençait à se répandre l'idée de la réincarnation et de la transmigration des âmes. Cela est sûrement vrai, aussi, de la définition des quatre stades de la vie. Le dernier d'entre eux est celui du *sannyasa*, du renoncement total. Lorsqu'un homme abordait à l'âge de l'extrême vieillesse, il devait en effet rompre toutes ses attaches terrestres et mener une vie errante, à la recherche de la libération. Ce stade ultime de la vie était bien souvent incompatible avec le précédent et, de fait, le quatrième stade était rarement respecté, et parfois même interdit par les lois de l'époque. De plus, nombre d'Hindous renonçaient au monde alors qu'ils étaient encore dans la fleur de l'âge; ils faisaient alors célébrer leurs propres funérailles, marquant ainsi, par un acte symbolique, qu'ils avaient cessé d'exister pour la société. Mais, par là, ils cessaient également d'exister pour leurs parents et, s'ils étaient fils uniques, ils les condamnaient à subir les tourments de l'enfer en les privant d'offrandes après leur mort. Cette problématique illustre bien le fossé qui sépare, aux yeux des Hindous, la vie quotidienne et la quête de l'Absolu, située sur un tout autre niveau.

Ceci nous aide à comprendre l'une des caractéristiques les plus curieuses de la religion hindoue, à savoir la coexistence du polythéisme et du monothéisme. Ce qui nous apparaît comme un paradoxe est, en fait, lié à la séparation entre le monde visible et le monde de l'absolu. Nous avons vu, dans les *Upanishads*, que le Brahman, ou l'Absolu, était un principe immuable et éternel, qui transcendait toutes les dualités et contradictions terrestres. Le Brahman est le fondement de l'univers, tout comme le Soi est le fondement de l'individu. Pour l'école moniste, cet Absolu représentait l'unique vérité, toute autre conception faisant appel à une divinité supérieure ne pouvant qu'appartenir au monde de l'illusion, à la *maya*. Shankara postula l'existence d'une divinité à laquelle il donna le nom d'Ishvara, le Seigneur, et qui, dans son esprit, pouvait aider les fidèles à trouver le chemin de la vérité. On peut voir en Ishvara l'une des premières tentatives tendant à concilier le monde de la *maya* et celui de l'Absolu.

Une autre tendance, dans la religion hindoue, joua sans doute un grand rôle d'un point de vue historique. C'est celle qui, sans récuser la distinction entre le visible et l'absolu, admettait l'existence d'un principe individuel dans le monde du Brahman. Ce dernier, on l'a vu, peut se définir comme l'être unique et tout-puissant, comme le créateur universel. Le Soi individuel, en revanche, s'il peut être aussi considéré comme un principe éternel et indépendant, n'est pas créateur dans la mesure où il a lui-même été créé par le Brahman, auquel il s'unit au moment de sa libération. Malgré tout, la distinction entre le Soi et le Brahman est ici réelle et non plus, comme pour les adeptes de l'école moniste, purement illusoire. Ainsi personnalisé, le Brahman mérite alors pleinement son appellation d'Ishvara, de Seigneur, au vrai sens du terme. Entre cette conception d'un Dieu envisagé comme Seigneur suprême et les divinités évoquées plus haut, il y a précisément toute la différence qui sépare le visible de l'absolu.

C'est ce qu'illustrent clairement les différents mythes consacrés à la création du monde. Les adorateurs de Vishnu représentent le seigneur suprême, Vishnu, endormi sur les anneaux du roi-serpent Shesha, ou Ananta, c'est-à-dire à la surface de l'océan cosmique. Le sommeil du dieu symbolise le caractère à la fois éternel et indifférent de l'Absolu. Du nombril de Vishnu s'échappe la tige d'une fleur de lotus, sur laquelle siège Brahma, le dieu créateur doté de quatre têtes. Le monde créé par Brahma naît, traverse de grandes épreuves, puis disparaît au cours de cycles immémoriaux. Ces cycles sont au nombre de quatre, de l'âge d'or initial à celui de la cruelle Kali, que nous traversons actuellement, et qui s'achèvera par une destruction totale par l'eau et par le feu, avant d'être appelé à renaître de nouveau. Ce thème, constant dans la mythologie hindoue, trouve sa meilleure illustration dans le mythe de Shiva considéré comme le dieu suprême. Selon la légende, Brahma et Vishnu se seraient un jour affrontés au sein d'une gigantesque colonne de flammes. Ils se seraient ensuite séparés et ils auraient entrepris, chacun de leur côté, de trouver l'extrémité de cette colonne ardente. Aucun des deux n'y parvint, mais Brahma se vanta de l'avoir découverte. Alors intervint Shiva qui, pour punir Brahma d'avoir menti, lui coupa la cinquième tête en ne lui laissant que les quatre têtes avec lesquelles il est habituellement représenté. En fait, cette colonne de flammes n'est qu'une version du *linga*, ou phallus, qui est la forme sous laquelle Shiva est le plus souvent vénéré. Quant au châtiment réservé à Brahma, il tend à mettre en valeur le pouvoir infini de Shiva opposé à ceux, plus restreints, des divinités mineures.

Ce thème se retrouve également dans l'architecture des temples hindous. Leurs façades s'ornent souvent d'une multitude de fresques et de statues, à commencer par les processions d'oies sacrées qui décorent le fronton des temples, et auxquelles succèdent, de haut en bas, une quantité impressionnante de bas-reliefs reproduisant, dans toute leur variété, des dieux, des

Shiva et Parvati en couple d'amants, sculpture kushana-gupta du III*e siècle environ, provenant de Kaushambi, dans l'Uttar Pradesh (Musée indien de Calcutta). Alors qu'il était plongé depuis des temps immémoriaux dans la contemplation de l'Infini, Shiva se laissa persuader d'épouser Parvati pour donner naissance à un général capable de mener à bien la guerre des dieux contre les démons, les* asura. *De leur union naquit Skanda, chef redoutable qui soumit les démons. Par ce mariage, Shiva, a prouvé à l'humanité que la Vérité ultime ne pouvait être atteinte ni par le plaisir, ni par sa négation, mais au contraire qu'elle les transcendait tous les deux.*

nymphes célestes, des hommes ou des animaux. A l'intérieur du temple, en revanche, règne une atmosphère austère qui contraste singulièrement avec son apparence extérieure. En Inde septentrionale, l'intérieur des temples est généralement sombre, exigu et, si l'on excepte quelques motifs abstraits au plafond, dépourvu de toute décoration. Dans les temples consacrés à Shiva, le sanctuaire abrite presque toujours un *linga* et un *yoni,* ou organe féminin, imbriqués l'un dans l'autre. Cette représentation n'est toutefois pas très explicite, et l'on serait même tenté d'y voir un symbole non figuratif du dieu.

Identifié à un dieu, l'Absolu apparaît évidemment comme une divinité unique et toute-puissante à laquelle les fidèles se doivent de rendre un culte monothéiste. Mais plusieurs divinités ont suscité un culte de ce genre, parmi lesquelles on peut citer Shiva, Vishnu et la déesse Devi. Vishnu peut être adoré sous sa forme originelle ou à travers ses divers *avatara,* tandis que Devi est vénérée sous diverses formes selon les régions. Cela ne signifie pas que ces trois dieux se partagent le titre de divinité suprême. Chacun d'entre eux est bien considéré comme esprit suprême par leurs fidèles, aux yeux de qui les deux autres passent pour des divinités inférieures. Cette conception se trouve clairement exprimée dans l'un des livres les plus sacrés de l'Inde, la *Bhagavad Gita,* où l'on voit Krishna prêcher la *bhakti,* c'est-à-dire la dévotion personnelle et absolue à un dieu. Car ceux qui adorent d'autres dieux ne font qu'adorer Krishna et, tôt ou tard, ils en prendront conscience. Cette grande diversité n'a jamais véritablement embarrassé les Hindous, pour qui le premier critère de la foi religieuse demeure la fidélité aux *Veda.* Seuls seront considérés comme hérétiques ceux qui récusent l'autorité des brahmanes et des livres sacrés, la loi de la caste ou les prescriptions du *Dharma.* Certes, ce fut le cas des bouddhistes et des jaïnistes mais, d'une façon générale, et pour peu que l'on respecte les rites établis, l'hindouisme se montre d'une grande tolérance à l'égard des croyances les plus diverses.

La mythologie shivaïte

Examinons à présent certains aspects de la mythologie des divinités les plus importantes du panthéon hindou. Ce faisant, on gardera à l'esprit que les Indiens font, dans leurs récits, la part belle à l'exagération et à une fantaisie souvent débridée. On s'attachera donc à ne dégager que les grandes lignes des mythes, en laissant de côté les détails qui, pour captivants qu'ils soient, ne feraient qu'accroître les risques de confusion.

La mythologie shivaïte est l'une de celles qui illustre le mieux la tension qui existe entre le monde de l'absolu et celui du monde visible. Or, s'il est un domaine où cette tension est ressentie avec une acuité particulière, c'est bien celui des sens. Cela est d'autant plus vrai que l'on a, de tout temps, considéré que la voie menant à l'Absolu passait par un renoncement total aux plaisirs matériels, pour ne pas parler des épreuves parfois cruelles de l'ascétisme. Une dévotion absolue à une divinité peut atténuer le contraste entre les deux mondes, mais la tension n'en subsistera pas moins. Shiva se présente à la fois comme le *linga,* c'es-à-dire un symbole de la créativité et du plaisir qui s'y rattache, et comme le dieu des yogis, c'est-à-dire l'ascète par excellence, qui siège en méditant sur les cimes enneigées de l'Himalaya. On a souvent dit que la pratique de l'ascétisme constituait une réserve de force spirituelle, laquelle pouvait être utilisée à de bonnes ou à de mauvaises fins. La mythologie ne manque pas d'exemples de sages ou de démons qui, forts de ces pouvoirs spirituels, tentèrent de renverser l'hégémonie des dieux. Ceux-ci ripostèrent en envoyant sur terre des nymphes célestes chargées d'éveiller le désir dans leurs cœurs et, par là, de désarmer leurs adversaires. Quand bien même la ruse était découverte, les dieux espéraient bien que la colère qui en résulterait suffirait à détruire ces pouvoirs spirituels patiemment accumulés. Aux yeux des anciens Hindous, on le voit, la puissance spirituelle était incompatible avec la passion, et c'est ce concept que l'on retrouve pleinement exprimé dans les mythes de la création. L'un de ces mythes rapporte que la première création aurait été le produit d'une force mentale acquise uniquement par la pratique de l'ascétisme. Mais les êtres créés étant incapables d'éprouver la passion, ils ne se reproduisirent pas, et l'œuvre de la création ne put se poursuivre. Par la suite, l'acte sexuel permit le renouvellement des générations, mais il entraîna avec lui des maux sans fin : surpeuplement, famines et mort.

Ce thème est abondamment développé dans le mythe de la naissance de Skanda, que nous avons évoqué au début de cet ouvrage. Nous avons vu que les dieux, menacés par le démon Taraka, voulurent inciter Shiva à se marier afin qu'il donne naissance à un fils susceptible de les sauver. Mais Shiva, plongé dans ses chastes méditations sur les sommets de l'Himalaya, resta sourd à leur appel. Les dieux recoururent au dieu de l'amour, Kama, mais ce dernier périt embrasé par la colère divine. Seule Parvati parvint, à force d'ascèse, à séduire Shiva et à se faire épouser. Après leur mariage cependant, leur extase amoureuse se prolongea si longtemps qu'ils tardèrent à

La déesse Ganga, personnification du fleuve sacré et mère de l'Inde; cette sculpture de l'époque des Vakataka (VIIe siècle), qui surmonte l'entrée de la grotte 21, à Ellora, fait pendant à une sculpture de la déesse Yamuna, personnification de l'autre fleuve sacré du même nom, affluent du Gange. On aperçoit, sur la console à droite de la déesse, une Yakshini, ou créature semi-divine.

donner naissance au fils désiré par les dieux. Il s'en fallut même de peu que la violence de leur passion ne détruisît l'univers entier. On voit, par ce mythe, que Shiva menaça par deux fois la stabilité du monde, d'abord en refusant la passion, c'est-à-dire en refusant d'engendrer un fils qui puisse vaincre les démons, puis en se livrant aux débordements de la passion, une fois le mariage consommé. Nous avons vu, par ailleurs, que sa semence faillit brûler les dieux, et qu'il fallut les eaux apaisantes du Gange pour conjurer le danger. Ainsi l'Esprit suprême renferme-t-il en lui les contradictions du monde matériel, et ne peut-il les surmonter qu'en en faisant l'expérience totale, absolue. Chacun des deux extrêmes représente un danger pour l'ordre du monde, lequel n'échappe aux flammes que lorsque le *linga* entre dans la *yoni*. Le dieu ne peut vivre retiré aux confins du monde, mais il peut être dangereux d'avoir à l'affronter dans certaines conditions.

En Inde méridionale, Shiva apparaît couramment sous les traits de Nataraja, le dieu de la danse. Certaines de ces statues pourraient aisément soutenir la comparaison avec les chefs-d'œuvre de la sculpture mondiale. Shiva y est représenté en train de danser dans un cercle de feu, un pied levé, les quatre bras tendus et sa chevelure au vent, en train de piétiner l'image démoniaque de l'ignorance. Tout comme dans le mythe précédent, on voit là que le dieu est envisagé sous son double aspect, à la fois menaçant et bénéfique. La danse de Shiva symbolise en fait la danse de la création, la force dynamique qui met le monde en marche. De la même façon que la danse des humains est souvent teintée d'érotisme, celle de Shiva correspond à un état d'excitation sexuelle. Le feu est un principe créateur, et les flammes qui entourent le dieu ne font sans doute que représenter cette puissance.

Mais la danse de Shiva peut également s'avérer destructrice. Lorsque sa première épouse, Sati, s'immola par le feu parce que son père avait refusé d'inviter Shiva à son sacrifice, ce dernier devint fou de douleur. Prenant dans ses bras le cadavre de son épouse, il se mit à danser frénétiquement dans les trois univers, en menaçant de les détruire. Il ne s'arrêta que lorsque les dieux eurent démembré le corps de Sati, qui fut précipité sur la terre. Dans ce cas précis, les flammes qui entourent Shiva préfigurent le feu destructeur qui dévastera le monde. Dans les représentations de Shiva, l'aspect destructeur de la danse se concentre sur le démon, pour le salut de l'humanité, et la danse est surtout considérée comme bénéfique. Il n'empêche que la force et la puissance du dieu sont, à parts égales, créatrices et destructrices. Les *Purana* établissent l'existence d'une triade mythologique composée de trois divinités : Brahma, le créateur, Vishnu, le conservateur, et Shiva, le destructeur. Il convient toutefois de préciser que cette triade ne fit vraisemblablement jamais l'objet d'un culte, et qu'il faut plutôt y voir une formulation théorique. Les fidèles de chacune de ces divinités majeures tenaient que leur dieu remplissait à lui seul les trois fonctions, même si le rôle de créateur était plus volontiers attribué à Brahma afin de mieux marquer le divorce entre le monde du visible et celui de l'invisible. Il faut enfin noter que les pouvoirs destructeurs de Shiva s'appliquent également aux puissances du mal et de l'ignorance, et qu'ils remplissent en cela une fonction des plus positives.

La mythologie vishnouïte

La mythologie vishnouïte, très différente de celle de Shiva, s'en distingue surtout par la série de ses *avatara*, ou manifestations terrestres. Vishnu, que l'on représente souvent en train de dormir, sur les anneaux du roi-serpent, à la surface de l'océan cosmique, ne s'éveille en effet que lorque l'univers se trouve menacé par quelque cataclysme. Les *avatara* classiques de Vishnu sont au nombre de dix, mais on lui en connaît plus du double, bien qu'il ne soit pas toujours facile de s'accorder sur leur identité.

Lorsque, dans la nuit des temps, la terre fut submergée par une inondation cosmique, Vishnu prit la forme d'un poisson pour sauver les *Veda* et éviter qu'ils ne se perdent dans les eaux. Utilisant une proéminence cornée située sur le nez du poisson, le dieu remorqua l'arche construite par Manu, le premier homme, entre les sommets du Nara et du Narayana, à proximité des sources du Gange. Sous la forme d'une tortue, il soutint aussi le mont Mandara lorsque celui-ci servit à baratter l'océan de lait. Après avoir enroulé le roi-serpent autour de la montagne, les dieux et les démons se saisirent en effet de ses extrémités et ils agitèrent l'océan jusqu'à ce que les flots donnent naissance au nectar d'ambroisie, à Shri, la déesse de la prospérité, et à quantité d'autres trésors, sans oublier le terrible venin qui empoisonna Shiva. Les dieux réussirent cependant à prendre aux démons leur part de nectar, et ils sortirent vainqueurs de la lutte farouche qui opposait les deux camps. Sous la forme d'un sanglier, Vishnu sauva une seconde fois la terre, ainsi que les Sept Sages, d'une inondation cosmique. Sous la forme de Narasimha, créature mi-humaine mi-léonine, il infligea un sévère châtiment au

La descente du Gange, bas-relief taillé à même le roc datant de l'époque des Pallava (VIIe siècle) et situé à Mahabalipuram, dans le Tamil Nadu. Cette œuvre grandiose (27 m × 9 m) a suscité bien des controverses depuis qu'un érudit, V. Goloubew, a suggéré, en 1914, qu'il pouvait s'agir de la « descente du Gange » et non de la « pénitence d'Arjuna », comme on le pensait jusqu'alors. Aujourd'hui, la plupart des savants retiennent la première hypothèse. La scène, qui compte parmi les chefs-d'œuvre de l'art indien, illustre la légende de l'ascète Bhagiratha, à qui les dieux auraient fait don du Gange pour le récompenser de ses pénitences. Le monde entier semble ici réuni pour célébrer le miracle, tous les personnages étant tournés vers le fleuve sacré (au centre) qui se déverse sur la terre.

démon Hiranyakashipu, qui avait interdit à son fils, Prahlada, d'honorer Vishnu. Bien plus, alors que le démon avait défié le dieu de prouver son omniprésence, Vishnu jaillit d'une colonne du propre palais d'Hiranyakashipu et il le dévora. Sous la forme du nain Vamana, il demanda au puissant roi Bali autant de terrain qu'il pourrait en parcourir en trois enjambées. Mais, après que le roi eut accédé à cette requête somme toute modeste, Vishnu recouvra ses dimensions cosmiques, et il ne lui fallut guère plus de deux enjambées pour traverser la terre et le ciel, le troisième pas lui permettant même de précipiter Bali aux enfers. Sous la forme de Parashumara, et à la demande de son père, il tua sa mère pour la ressusciter presque aussitôt, et exterminer la caste des guerriers coupables d'avoir violé sa mère. Les septième et huitième *avatara* de Vishnu, à savoir Rama et Krishna, seront étudiés ultérieurement. Le neuvième *avatar* le fit renaître en la personne du Bouddha. On admet communément qu'il est alors venu enseigner aux hommes la paix et la félicité, mais il existe également une curieuse interprétation selon laquelle il serait venu propager de fausses doctrines, à seule fin d'induire en erreur les méchants et les démons et de provoquer leur perte. Enfin, Vishnu réapparaîtra à la fin de l'ère néfaste que nous traversons actuellement et, l'épée à la main, monté sur un cheval blanc, il chassera de l'Inde les hérétiques, les athées et les étrangers. Ce dixième *avatar* marquera la fin de l'âge de Kali, et le retour de l'âge d'or.

Tous ces *avatara* mettent en valeur le rôle de sauveur dévolu à Vishnu. Il arrive qu'ils soient représentés isolément, mais les artistes hindous les représentent le plus souvent tous les dix ensemble. Par ailleurs, Rama et Krishna sont les seuls à bénéficier d'un culte particulier, si l'on excepte naturellement celui qui est rendu à Vishnu, sous sa forme originelle. L'histoire de Rama est à peine différente de celle des autres *avatara* de Vishnu, à ceci près qu'elle est connue dans tout le pays. Rama lui-même est d'ailleurs une divinité vénérée dans toute l'Inde septentrionale. Il est habituellement représenté en compagnie de son épouse, de ses frères et du général des singes, Hanuman. Les démons étant devenus trop puissants sur la terre, Vishnu se transforma en un philtre de fertilité que burent les trois épouses du roi d'Ayodhya, Dasharatha. La première femme de Dasharatha, qui en but une plus grande quantité, donna naissance à Rama. Celui-ci eut pour demi-frères Lakshmana, Bharata et Shatrughna. Or, la mère de Bharata, Kaikeyi, exigea du roi que Rama fût déporté du royaume, afin que son fils légitime puisse être nommé prince héritier à sa

Terre cuite de la période gupta représentant la déesse Ganga debout sur un makara, *animal mythique qui lui est généralement associé (Musée national de New Delhi). Cette statue, ainsi que celle de la déesse Yamuna (page ci-contre), flanquait à l'origine l'escalier d'un temple dédié à Shiva, à Ahicchatra (Ramnagar), dans l'Uttar Pradesh.*

Terre cuite provenant du même temple d'Ahicchatra et représentant la déesse Yamuna, debout sur sa tortue. Personnification du fleuve du même nom, qui prend sa source dans l'Himalaya et baigne Delhi et Agra avant de se jeter dans le Gange, près de la ville sainte d'Allahabad, la déesse s'abrite également sous un parasol, symbole de son rang royal, en tenant dans sa main une cruche d'eau. La profonde vénération que les Hindous portent aux fleuves sacrés reflète leur foi dans le pouvoir purificateur de ces derniers, mais aussi une absolue dépendance vis-à-vis de leur pouvoir fertilisateur.

place. Dasharatha, le cœur brisé, fut contraint d'obéir. Rama et Lakshmana quittèrent donc le royaume en compagnie de l'épouse de Rama, Sita, fille d'un roi voisin qu'ils avaient rencontrée dans la campagne alors qu'elle était en train de labourer. Les exilés s'établirent au fin fond d'une forêt, où ils menèrent une vie de prières et de méditations. Après la mort du vieux roi Dasharatha, Rama refusa l'offre de Bharata qui l'invitait à revenir prendre les rênes du royaume. Bharata prit alors les sandales de Rama et les déposa sur le trône à sa place. Par la suite, on fit appel à Rama et à Lakshmana afin d'exterminer les démons qui perturbaient les sacrifices des sages dans la forêt. Un jour, la sœur de Ravana, le roi des démons, entreprit de séduire les deux frères, mais Rama riposta en lui coupant le nez. Pour venger sa sœur, Ravana enleva l'épouse de Rama. Ce dernier leva alors une armée et, secondé par Hanuman, le général des singes, il porta la guerre à Lanka (aujourd'hui Ceylan), où régnait Ravana. Enjambant le détroit qui séparait l'île du continent indien, Hanuman incendia le palais de Ravana en se servant de sa queue en guise de torche. Ce combat se termina par la victoire de Rama sur Ravana, qui connut enfin la délivrance. Tous s'en revinrent à Ayodhya, et ce fut le début du Ramarajya, l'âge d'or du règne de Rama. Mais celui-ci mit bientôt en doute la chasteté de son épouse durant son séjour à Lanka, et Sita dut se soumettre à l'épreuve du feu, dont elle sortit indemne. Ceci n'empêcha pas les habitants d'Ayodhya de s'interroger publiquement sur la vertu de Sita et, un beau jour, elle s'engouffra sous terre et disparut. L'histoire est rapportée avec force détails dans le *Ramayana,* l'une des deux grandes épopées sanscrites et l'un des livres les plus sacrés de la littérature indienne. Rama et Sita représentent, à bien des égards, le couple idéal, Sita incarnant la pureté et la piété tandis que Rama et ses frères sont devenus légendaires pour leur héroïsme et leur bonté. Les lieux habités ou visités par Rama sont des lieux sacrés pour de nombreux Hindous, qui leur prêtent des pouvoirs purificateurs. De même, le séjour de Rama sur les rives du Gange n'a-t-il fait qu'accroître le caractère sacré du fleuve. Hanuman, que l'on représente souvent avec une effigie de Rama dans son cœur, passe pour l'exemple même de la fidélité et de la dévotion. Lors des rites funéraires, le nom de Rama est inlassablement répété par les fidèles qui espèrent ainsi assurer le salut des âmes de leurs parents défunts.

A travers l'*avatar* de Rama, Vishnu n'a pas seulement libéré le monde des démons pour instaurer un règne de justice,

Portrait de la déesse Ganga debout sous un arbre et tenant une cruche à la main; statue du XII*e siècle (art sena) trouvée à Mahanand, au Bengale occidental, et conservée au musée national de New Delhi. Voici en quels termes le* Ramayana *relate la descente miraculeuse du fleuve : « De toutes parts, les dieux accoururent dans leurs chars d'or pour assister au prodige. Le ciel sans nuages était irradié par les cent soleils de leurs chars resplendissants. Des nuages d'écume et des poudroiements d'argent s'élevaient dans les airs, comme des vols de cygnes traversant le ciel d'automne... Et le monde entier se réjouissait, car partout où coulait le fleuve, partout où brillaient ses flots glorieux, les péchés et les souillures étaient effacés... »*

mais il a également délivré les démons eux-mêmes. Ravana, qui avait compté avec les membres de sa famille parmi les fidèles adorateurs de Shiva, avait été condamné à garder son naturel démoniaque jusqu'au jour où il serait tué par Vishnu. Ainsi, sa mort coïncida-t-elle avec sa libération, puisqu'il se trouva enfin face à face avec le Seigneur suprême. Sa disparition physique marqua la fin du mal qui était en lui. Le même sort fut réservé à un homme de basse caste, qui prétendait pratiquer l'ascétisme contre le gré des brahmanes. Là aussi, Rama intervint et il tua l'homme, lui apportant ainsi le salut. On voit par ces mythes que les pouvoirs du dieu sont imprévisibles et dangereux, même lorsqu'ils sont orientés vers le bien.

Venons-en enfin à l'*avatar* de Krishna. Les différences notables qui distinguent cet *avatar* de tous les autres laissent penser qu'il ne figurait peut-être pas sur la liste primitive. Il est toutefois d'une telle importance qu'il les éclipse tous, à l'exception de l'*avatar* de Rama. Krishna était le fils de Devaki, qui était elle-même la nièce d'un roi malfaisant, du nom de Kamsa. Celui-ci savait qu'il périrait de la main d'un fils de sa nièce, et il en avait déjà éliminé six, mais l'embryon du septième, le futur Baladeva, manifestation partielle de Vishnu, fut transplanté dans le sein de Rohini, la seconde épouse de Vasudeva, lequel était lui-même le mari de Devaki. La nuit de sa naissance, Krishna fut transporté de Mathura sur l'autre rive de la Yamuna, et confié au berger Nanda et à sa femme Yasoda, qui l'échangèrent contre leur propre fille, née la même nuit. Mais Kamsa donna l'ordre de tuer tous les nouveau-nés de sexe masculin, et Nanda fut contraint de s'exiler dans la ville de Gokula, où Krishna passa sa jeunesse, et qui est devenu un haut lieu de pèlerinage pour ses fidèles.

De fait, Krishna n'est pas une simple incarnation de Vishnu, comme les autres *avatara,* mais il renferme en lui l'essence même de la divinité. Krishna jeune allie tout à la fois la fragilité de l'enfant et l'omnipotence divine, et cette caractéristique se retrouve dans les cérémonies qui commémorent sa naissance, dans le culte rendu à sa représentation enfantine et dans la légende. On prétend en effet que Yasoda, lui ayant un jour ouvert la bouche pour retirer de la terre qu'il avait avalée, y aurait aperçu l'univers entier. Plus tard, il se rendit célèbre en commettant d'innombrables menus larcins, chipant le lait caillé, cachant le bétail ou taquinant les *gopi,* les vachères. On trouve ici l'illustration d'un thème théologique important : les Hindous se sont souvent demandé pourquoi la création divine était imparfaite au point de nécessiter l'intervention sur terre de Vishnu, afin qu'il remédie aux maux qu'il avait lui-même

La déesse Sarasvati, sculpture du XIIe siècle provenant de Bikaner, dans le Rajahstan (Musée national de New Delhi). Épouse de Brahma, déesse des lettres et de la poésie, elle est vénérée par les Hindous qui lui prêtent le pouvoir d'accroître la sagesse, à la maison comme dans la société. Elle est souvent représentée avec la vina, *ou luth, qu'on voit ici aux mains de ses servantes. Sarasvati était la personnification du fleuve du même nom (aujourd'hui Sarsuti) qui coule entre Thanesar, Ambala et Pehowa, dans le Hyarana. La région comprise entre la Sarasvati et le Ghaggar, connue dans le* Rigveda *sous le nom de Brahmavarta, est considérée par les Hindous comme une « terre sainte », car c'est là que s'établirent les premiers Aryens.*

engendrés. Les hommes sont en outre abusés par la *maya,* qui les empêche d'accéder à la connaissance éternelle et à la béatitude. L'adepte de Vishnu répond à ces questions en affirmant que le dieu se complaît dans le *lila,* jeu divin auquel il se livre par pur plaisir, comme un enfant. Ainsi s'explique qu'il ait pu s'amuser à voler du bétail, avant de révéler au monde sa vraie nature. Ainsi s'explique également le penchant qu'il éprouvait pour les *gopi,* qu'il aimait à ensorceler avec sa flûte. L'une d'elles, Radha, devint d'ailleurs sa favorite, et elle figure souvent à ses côtés dans les temples consacrés au dieu. Il faut cependant noter que Krishna aimait toutes les *gopi,* et qu'il se multipliait au besoin afin de n'en exclure aucune de la danse. Ces amours de Krishna, qui ont inspiré d'innombrables poèmes ou miniatures, figurent parmi les thèmes de prédilection de l'art indien.

L'autre grande épopée de la littérature sanscrite, le *Mahabharata,* illustre un autre élément important de la vie de Krishna. Au cours de la guerre qui fait l'objet du poème, Krishna servit de cocher à Arjuna, le troisième des cinq frères Pandava, lesquels s'efforçaient de reconquérir leur royaume des mains de leurs cousins. Mais, alors qu'il s'était porté en première ligne afin de surveiller le déroulement des hostilités, Arjuna aperçut soudain, dans les rangs ennemis, ses précepteurs, ses aînés et nombre de ses proches. Il en fut désespéré, car il n'est de plus grand crime que de tuer un des membres de sa famille. Krishna entreprit alors de convaincre Arjuna de se battre en lui récitant cette partie du *Mahabharata* que l'on connaît sous le nom de la *Bhagavad Gita,* et qui compte parmi les livres les plus sacrés de l'hindouisme. Il employa, à cette fin, toutes sortes d'arguments, à commencer par l'immortalité de l'âme et l'irréalité de la mort, ajoutant que tous les guerriers ennemis étaient destinés à la rencontrer un jour et qu'Arjuna n'était lui-même qu'un instrument de ce destin. Arjuna répliqua qu'il préférait renoncer au monde et vivre en ascète plutôt que d'en être réduit à d'aussi cruelles nécessités. Krishna fit alors valoir qu'il appartenait à la classe des guerriers, et qu'il était de son devoir de combattre, comme il est du devoir des brahmanes de pratiquer l'ascétisme. Car, poursuivit Krishna, il vaut mieux faire mal son devoir que bien celui des autres. On retrouve là une attitude profondément ancrée dans la mentalité hindoue. Et Krishna d'exposer à son interlocuteur une nouvelle théologie, qui constitue le noyau théorique du livre. Il n'est, selon lui, que trois voies susceptibles de mener au salut. La première passe par la sagesse, la pratique de l'ascétisme et la méditation. La seconde est celle de l'action, du *karma.* Les

Ci-dessus, bas-relief de l'époque shunga (IIe siècle) provenant de Bharhut et représentant Lakshmi, l'épouse de Vishnu (Musée indien de Calcutta). Déesse de l'abondance et de la prospérité, Lakshmi est ici représentée debout sur un lotus, entre deux éléphants qui lui versent de l'eau sur la tête. Laskhmi (la Fortune), également appelée Shri (la Beauté), serait née de la « mer de lait » barattée par les dieux lorsque ceux-ci voulurent fabriquer le nectar de l'immortalité.

Page ci-contre, détail d'une Yakshini, bas-relief shunga du IIe siècle provenant de Bharhut et conservé au Musée indien de Calcutta. Dans la croyance populaire, les Yaksha et les Yakshini sont considérés comme des êtres surnaturels, respectivement mâles et femelles, qui vivent dans les arbres. Mais alors que les premiers sont surtout vénérés comme des génies des arbres et de la végétation, les secondes passent pour avoir la propriété de rendre la fécondité aux femmes stériles.

Sculptures ornant le temple de Kandariya à Khajuraho, dans la partie septentrionale du Madhya Pradesh. Érigé sous la dynastie des Chandella, qui régnèrent sur la région du IXe au XIIe siècle, ce temple dédié à Shiva est abondamment décoré de sculptures érotiques qui témoignent de la conception hindoue des rapports sexuels, envisagés comme une conjugaison des contraires cosmiques et comme un moyen de parvenir au salut et à la libération spirituelle.

actions n'engendrent le *karma,* lequel détermine à son tour les renaissances futures, qu'à la condition que celui qui agit s'attache à elles. Tout ce qui est accompli avec détachement ne saurait en effet porter de fruits dans le futur. « Tu as le droit d'agir », affirme Krishna, « mais ne t'attache jamais aux fruits de l'action. » En ce sens, Arjuna peut parfaitement accomplir son devoir et combattre ses ennemis, sans haine ni désir de tuer, et il restera libre de tout péché. La troisième voie du salut, enfin, est celle de la *bhakti,* de la dévotion absolue à un dieu. Sur ces mots, Krishna révéla sa nature cosmique, et Arjuna tomba à ses pieds pour l'adorer. Tel est le véritable sujet du poème. Le profond abîme qui sépare Krishna, la divinité suprême, d'Arjuna, n'empêche pas le dieu de se considérer comme son ami. De la même façon, les fidèles qui feront preuve de dévotion et d'amour parviendront-ils à lui bien plus aisément qu'en empruntant les deux autres voies du salut. En se déchargeant sur Krishna des fruits de ses actions, Arjuna peut être assuré qu'elles ne laisseront aucune trace.

C'est la même conception qu'illustrent les récits consacrés aux amours de Krishna et des *gopi.* Ces liaisons sont toujours décrites en termes d'attirance sexuelle intense et passionnée. Mais les *gopi* symbolisent bien plutôt les âmes des fidèles, que Krishna attire à lui en jouant de la flûte. Au paradis, les âmes des bienheureux connaîtront la félicité qu'éprouvèrent les *gopi* dans les bras de Krishna. Inversement, durant notre existence terrestre, l'amour s'accompagne toujours d'un sentiment d'insatisfaction, qui est à l'image de celui qu'éprouvaient les *gopi* lorsque Krishna les quittait.

La vie terrestre de Krishna se termina par un massacre. Après avoir subi, avec son peuple, les agressions répétées d'un roi étranger, il se retira à Dwarka, dans le Gujarat. A sa mort, toutes les *gopi* se suicidèrent, et c'est de leurs cendres, dit-on, que proviendrait l'argile qui sert à marquer le front des fidèles. Le culte de Krishna s'accompagne de diverses cérémonies commémoratives, à commencer par le *Krishna janmashtami,* qui célèbre le jour anniversaire de sa naissance. Il faut également mentionner la fête du printemps, Holi, au cours de laquelle les Hindous s'aspergent d'eau colorée en souvenir du dieu et du plaisir qu'il éprouvait à participer à ces festivités. Lors de la cérémonie des chars, les Hindous forment un immense cortège avec, à sa tête, une statue de Krishna qu'ils promènent tout autour du temple. Cette fête revêt un éclat particulier pour les cérémonies du Jagannath, à Puri, où l'on dit que plus d'un fidèle se serait jeté sous les roues du char gigantesque qui transporte le dieu. Il arrive aussi que l'on

Ci-dessus, Krishna en compagnie des gopi *(bergères), peinture de l'école de Basohli; page ci-contre, les jeux de Krishna et Radha, peinture de l'école de Kishangarh. Ces peintures, qui datent toutes deux du* XVIII*e siècle, sont conservées au Musée national de New Delhi. Krishna, le séducteur des âmes, accepte l'amour spirituel des sages aussi bien que l'amour physique des* gopi *à seule fin de partager entre tous sa nature divine. Dans l'hindouisme, les* gopi *symbolisent tous ceux qui s'efforcent de parvenir à la libération par le biais de l'amour physique. Dans la* Bhagavad Gita, *Krishna exprime en ces termes son impartialité : « Je suis équanime à l'égard de tous les êtres; aucun n'est pour moi haïssable, ni cher; mais tous ceux qui m'adorent avec dévotion, ceux-là sont en moi et moi en eux. »*

Jeunes filles s'aspergeant d'eau colorée, miniature de l'école de Pahari (XVIIIe siècle), conservée au Musée national de New Delhi. Ce curieux divertissement se pratique au cours de la fête qui se tient en l'honneur de Kama pour célébrer le retour du printemps. La légende prétend que Kama, dieu de l'amour et fils de Brahma et de Sarasvati, aurait été réduit en cendres par Shiva, après qu'il eut troublé ce dernier dans sa méditation pour l'inciter à épouser Parvati.

Mais, pris de pitié pour Rati, l'épouse de Kama, Shiva l'aurait ensuite ressuscité. Depuis lors, Kama vit dans le cœur des hommes, où il sème le désordre et la passion. Cette fête en l'honneur de Kama se célèbre dans toute l'Inde au mois de phalgun *(février-mars, selon le calendrier solaire), sous le nom de Holi (une sorte de carnaval sacré), et s'accompagne de nombreuses processions où les gens dansent dans les rues en s'aspergeant d'eau colorée et de poudres de couleur vive.*

rende hommage à Rama et à Krishna en installant des statues à leur image, richement parées, sur des escarpolettes qu'on laisse se balancer dans le vent. Le *linga* de Shiva, en revanche, est honoré plus simplement, par des aspersions d'eau.

La mythologie de Devi

Si la déesse Devi n'a pas d'*avatara*, à l'instar de Vishnu, on lui connaît cependant dix formes différentes, les dix *mahavidya*, qui jouent un rôle important dans le culte tantrique. Certains de ces *mahavidya* sont même particulièrement célèbres. La naissance de la déesse remonte au temps où les dieux et les démons se livraient une guerre continuelle. La légende prétend en effet qu'elle serait née d'une violente colère des dieux, à la suite d'une défaite contre les démons, et qu'elle aurait eu facilement raison de ces derniers. Elle est également célèbre pour avoir exterminé, sous le nom de Camundi, quantité de démons et même, sous le nom de Mahishasuramardini, le redoutable démon Bufalo. En tant qu'épouse de Shiva, elle peut aussi être appelée Parvati ou Uma. Devi est particulièrement vénérée au Bengale, où ses adorateurs la connaissent sous son double aspect de Kali et de Durga. Divinité terrifiante, Kali est le plus souvent représentée parée d'un collier de crânes humains et d'une ceinture de bras et de jambes coupées; le teint noir, elle a trois yeux, comme Shiva, et une langue qui s'échappe d'un faciès grimaçant. Elle est dotée de multiples bras, et on la représente souvent, l'épée à la main, debout sur le corps de son époux. Sous les traits de Durga, en revanche, la déesse revêt une apparence entièrement différente. Jeune, belle, le teint clair, elle est également dotée de trois yeux, et on la représente souvent couverte de bijoux. Elle n'en conserve pas moins un côté inquiétant, qui lui est conféré par les dix armes de guerre avec lesquelles elle vient à bout de ses ennemis. Son culte, conforme à son image, inclut des sacrifices d'animaux et des cérémonies au cours desquelles ses adorateurs ont coutume de déposer des armes à ses pieds. Dans la tradition populaire, ces caractéristiques font toutefois partie de son rôle de mère, même lorsque la déesse s'incarne en la personne de la terrible Kali Ma. L'aspect terrifiant de Devi peut s'expliquer par sa nature transcendante, les têtes et les membres coupés n'étant en l'occurrence que le symbole des maux qu'elle aurait vaincus. Le disciple de la déesse-mère doit aspirer à se mettre entièrement à sa merci, tout comme les *gopi* en présence de Krishna. Pour ce faire, il doit éliminer toute conception erronée du Soi, toute forme d'égoïsme ou d'orgueil. Car Kali a le pouvoir de déraciner toutes les craintes et tous les obstacles spirituels, ainsi qu'en témoignent les restes sanglants dont elle est parée. Ensuite seulement, ses fidèles pourront l'adorer telle qu'elle est et se reposer aveuglément sur elle. Cet idéal a été atteint, entre autres, par Anandamayi Ma, célèbre sainte du Bengale qui passa la majeure partie de sa vie dans des transes extatiques. Un célèbre poète bengali, Ramprasad, a fait preuve du même esprit de dévotion lorsque, après toute une vie consacrée à chanter la gloire de Kali, il s'est laissé noyer pour avoir voulu suivre une statue de la déesse dans les eaux du Gange, à l'issue des fêtes célébrées en son honneur. Pour le fidèle, cet état extatique est le signe d'une grâce divine, et la meilleure approche qui puisse s'instaurer, au cours d'une vie terrestre, entre l'homme et la divinité. Le poème suivant illustre parfaitement cette conception; il est dû à une adoratrice de Krishna, Mira Bai, qui vécut au XVIe siècle, et qui abandonna un jour son palais pour errer à travers le monde, et rendre grâce à son dieu :

« Ô Shyam (Krishna)! Je suis tourmentée par ton amour.
Par la Grâce du Maître, je T'ai rencontré et la folie m'a quittée.
De ce corps je ferai une lampe, et mon esprit en sera la mèche.
Je la remplirai avec l'huile de l'amour, et sa flamme luira jour et nuit.
J'ordonnerai ma chevelure avec la sagesse, et la connaissance en sera l'ornement.
Ô Toi au visage ténébreux, je te sacrifierai ma fortune et ma jeunesse.
Bariolée est cette couche, et innombrables les fleurs qui la recouvrent.
J'attends la venue de Shyam. A ce jour, Il n'est pas encore venu.
Les mois de *shravan* et de *bhadon* ont passé, et la saison des pluies est commencée.
De ses cils, comme de sombres nuages au ciel, tombent les larmes comme des gouttes de pluie.
Mes parents m'ont confiée à tes soins. Tu sais mieux que quiconque où est mon bien.
Je n'adorerai d'autre maître que Toi.
Tu es le parfait Brahma, ô Seigneur. Laisse-moi partager ton siège! Fais que Mira soit tienne, ô Seigneur, puisqu'elle ne peut vivre loin de Toi. »

L'abandon de soi constitue le thème central de cet émouvant poème. Mais Krishna n'est pas la seule divinité à avoir inspiré de tels sentiments, ce dont témoignent ces quelques

strophes composées par Tulsi Das (1532-1624), en l'honneur de Vishnu (révéré sous l'*avatar* de Rama) :

« Ton nom, Ram, sera mon seul refuge — j'en fais le serment!
Ce qui est faux ici sera faux dans les trois mondes et dans les trois âges.
Fais le bien de Tulsi, Ô toi le compatissant, n'attends pas, je t'en supplie car je m'offre à toi, moi qui ne suis qu'une outre remplie d'eau.
Je n'ai pas les moyens de me livrer aux plaisirs de la passion,
Je n'ai pas le cœur à pratiquer le yoga, le renoncement et le sacrifice, et la chair ne laisse pas d'accomplir le mal.
Aujourd'hui encore, ses désirs me tourmentent :
je voudrais aller élégamment vêtu et je ne porte que des haillons. »

La *bhakti,* cet abandon total à la divinité, rend superflue toute autre pratique religieuse, y compris la méditation ou la mortification. Le chemin qui y mène est toutefois semé d'épreuves et il exige, outre le sacrifice absolu de sa personne, un parfait mépris des conventions. Lallisvari, poétesse mystique du XIVe siècle qui avait renoncé à tout, jusqu'à ses vêtements, avait coutume de répondre à ceux qui lui demandaient si elle n'avait honte de se promener nue : « Je ne vois pas les hommes. » Pour ces fidèles, les seuls être vivants étaient ceux qui avaient tout abandonné pour suivre Dieu. L'amour adultérin des *gopi,* qui n'hésitaient pas à délaisser leurs maris pour aller retrouver Krishna dans les bois ou sur les rives de la Yamuna, est l'un des meilleurs exemples de ce renoncement. Si l'on songe aux conventions qui régissaient les mariages hindous, avec leurs impératifs de caste et de pureté, on est amené à conclure que seul l'amour illicite pouvait avoir ce caractère spontané que requiert l'amour divin. Au Bengale, certains chanteurs itinérants, les Bauls, qui ont fait de la *bhakti* le principe même de leur vie, ont l'habitude de désigner par le terme de « folie » cette réaction spontanée à l'appel de la divinité. Au cours de l'histoire de l'hindouisme, ces tendances antinomiques ont été plus d'une fois poussées à l'extrême. Certains fidèles de Krishna se sont littéralement travestis en femmes afin de pouvoir mieux s'identifier à Radha, et approcher ainsi de plus près l'amour parfait de leur dieu. L'abîme qui sépare le réel de l'absolu est tel que l'homme ne doit pas hésiter à se détacher le plus possible du monde visible. Les vrais dévots ne sauraient tirer grand profit des cultes rituels qui se déroulent dans l'enceinte des temples. « Nous n'avons pas besoin de La Mecque, ni de Kashi (Bénarès) », chante ainsi un poète Baul, qui ne dissimule pas son mépris pour la pratique du pèlerinage. Car la vérité est à chercher dans le jardin, et dans le cœur, de chacun.

Ce refus des aspects extérieurs du culte, et l'intériorisation du monde visible, ont joué un rôle significatif dans l'histoire de la pensée hindoue. Nous avons vu, au début de cet ouvrage, que l'architecture des temples pouvait être interprétée à l'échelon symbolique comme une représentation de l'homme cosmique, aussi bien en ce qui concerne le corps matériel que les forces subtiles qui y circulent, et qui sont à l'origine de toute expérience spirituelle. Mais on peut aussi bien inverser le symbole, et considérer le corps comme un temple. L'idée selon laquelle le corps est à l'image du cosmos était déja familière aux auteurs des *Upanishads,* bien avant que ne se propage en Inde le culte dans les temples, dont nous ne possédons aucune preuve avant l'avènement de l'ère chrétienne. Néanmoins, l'édification de temples immenses, ainsi que l'instauration de cultes complexes, confèrent un caractère plus révolutionnaire encore à cette identification du lieu de culte au corps humain. Cette idée est abondamment reprise et développée dans le tantrisme, qui préconise systématiquement l'intériorisation du monde extérieur et, dans une moindre mesure, l'extériorisation de l'univers intérieur, de manière à pouvoir exorciser les forces du subconscient. Devi est étroitement associée à cette forme de culte, notamment sous les traits de la terrible Kali.

Ce bref exposé nous a permis de passer en revue les divinités les plus importantes de la religion hindoue d'hier et d'aujourd'hui. Le sujet est cependant si vaste qu'une analyse, même des plus détaillées, ne saurait en venir à bout. En outre, le fait de limiter le cadre de nos recherches ne nous met pas à l'abri des divergences d'interprétation, surtout en ce qui concerne le domaine de la mythologie. On peut cependant conclure que l'hindouisme se montre d'une souplesse et d'une tolérance étonnante, sur le plan pratique comme sur le plan théorique, pour peu que ne soient pas remises en cause ses valeurs essentielles, à savoir le respect des *Veda,* la pureté et le sacerdoce des brahmanes, l'esprit de la caste et de la famille. De nos jours, les prêtre hindous peuvent être communistes, c'est-à-dire quasiment athées, monistes, et croire au principe d'un Soi unique et irremplaçable, ou au contraire profondément dualistes, et admettre l'existence d'un abîme infranchissable entre l'homme et Dieu. D'autres cultures, pour ne pas dire d'autres religions, ont soigneusement évité de se trouver confrontées à une diversité aussi vertigineuse. L'hindouisme, lui, l'a non seulement permise, mais il a élevé ses propres contradictions au niveau du divin.

Les fêtes

Le calendrier indien est sûrement l'un des plus chargés au monde en festivités religieuses. Qu'il s'agisse de célébrer la naissance de Krishna ou l'une des innombrables divinités du panthéon national, de fêter l'arrivée de la mousson ou le retour du printemps, chaque cérémonie est pour les Indiens l'occasion d'affirmer leur identité propre, mais aussi leur sens de la communauté et de la tradition.

Page précédente, ci-contre et pages suivantes, la fête commémorant le mariage des quatre princes Rama, Bharata, Lakshmana et Shatrughna. Page précédente, procession dans les rues de Bénarès. Ci-contre, les princes recevant l'hommage des fidèles. Cette fête se célèbre tous les ans au mois de margashirsha *(novembre-décembre, selon le calendrier solaire) dans la ville sainte de Bénarès. Comme toutes les cérémonies à caractère religieux, cette fête est directement placée sous le contrôle des prêtres de Vishnu. Les quatre princes, fils du roi Dasharatha, sont les héros du* Ramayana, *poème épique à la gloire de Rama, septième incarnation de Vishnu. Dans la légende, Rama est célèbre pour avoir libéré les dieux du terrible démon Ravana, qui avait reçu de Brahma l'assurance de n'être pas tué par un dieu mais par un homme. Durant leur procession dans les rues de la ville sainte, on peut voir les quatre princes, en costume de parade et montés sur de magnifiques chevaux blancs richement harnachés, recevoir l'hommage d'une foule nombreuse de fidèles (pages suivantes).*

Ci-dessus, orchestre et éléphants richement caparaçonnés en tête de la procession qui parcourt les rues de la ville de Bénarès, pour la cérémonie commémorant les noces des quatre princes du Ramayana. *Page ci-contre, un prêtre de Vishnu, aisément reconnaissable aux deux traits blancs verticaux tracés sur son front. La popularité de cette fête s'explique par la grande renommée dont jouit le* Ramayana *dans tout le pays. Aux yeux des Hindous, les quatre princes chantés dans le poème épique incarnent en effet deux vertus héroïques entre toutes, l'esprit de sacrifice et la fidélité conjugale.*

La fête du Vasanta-Pancami *(ci-dessous) est célébrée dans tout le pays le cinquième jour de* magha *(février-mars) en l'honneur de Sarasvati, épouse de Brahma et déesse des arts et des sciences. C'est à elle que l'on doit, selon la légende, l'invention de la* vina, *le plus ancien instrument de musique indien. Les fidèles vénèrent la déesse chez eux, avec des offrandes, des prières et des chants. Dans les temples, les effigies de la divinité sont ornées d'accessoires de toute sorte, livres, papier, pinceaux, instruments de musique ou objets d'art. Cette fête revêt une solennité particulière au Bengale, où les statues sont portées en procession à travers les rues avant d'être immergées dans le Gange au cours de cérémonies rituelles. Page ci-contre, statue somptueusement décorée de Sarasvati dans les rues de Calcutta. Ci-dessous, l'immersion rituelle de l'effigie de la déesse dans les eaux du Gange, à Calcutta.*

Ci-dessus et pages suivantes : la fête de Shiva à Jahangira. C'est sur cette petite île du Gange, dans le temple de Gaibinath, à proximité de Sultanganj, que se célèbre l'une des fêtes les plus imposantes en l'honneur du dieu Shiva. Elle se déroule durant la pleine lune du mois de février, et, toute la nuit durant, les fidèles vénèrent la divinité avec des chants, des danses et des prières. La fête se poursuit ensuite sans interruption durant deux jours au cours desquels les fidèles se rendent en pèlerinage au temple de Gaibinath. Ci-dessus, deux Hindous puisant de l'eau du Gange à proximité de Jahangira. Page ci-contre, barque chargée de pèlerins à destination de l'île.
Pages suivantes, vues du temple de Gaibinath et de la foule des pèlerins.

*La fête du Durga-puja, qui se déroule durant les dix premiers jours du mois d'*ashvin *(septembre-octobre) en l'honneur de l'épouse de Shiva, Durga, est incontestablement la fête la plus importante et la plus populaire du calendrier indien. Profondément enraciné dans les rites matriarcaux en honneur avant la conquête aryenne, le culte de Durga a mis en valeur au fil des siècles les aspects érotiques et sanguinaires de la divinité. Déesse redoutable qui dispense la vie et la mort, surtout sous les traits de Kali la sanguinaire, elle est généralement représentée avec quatre bras, une bouche ensanglantée d'où s'échappe une langue pendante, la taille prise dans une ceinture de bras humains et un collier de têtes autour du cou. Durant les dix jours du Durga-puja, toute l'Inde est en fête, des grandes villes aux villages les plus reculés. Au Bengale, où la déesse fait l'objet d'une vénération particulière, ces cérémonies prennent une dimension spectaculaire. Durant les neuf premiers jours, les fidèles se rendent dans les temples pour honorer la déesse de leurs offrandes et de leurs prières; maintes représentations dramatiques illustrent les principaux épisodes de l'épopée de l'Inde. A Calcutta même, il n'est pas rare que ces festivités prennent la forme d'une extase collective. Le dixième jour enfin, escortées par des foules de fidèles, les statues de la déesse sont transportées en grande pompe, sur des chars ornés de drapeaux et de miroirs, jusque sur les berges du fleuve sacré où elles sont*

*immergées au milieu d'une foule de femmes et de jeunes filles qui jettent des fleurs, de l'herbe, du riz ou de l'eau. Ci-dessus, l'arrivée des pèlerins, chargés de provisions, sur l'île de Sagar. Située à l'embouchure du Hooghly, au point le plus méridional du delta du Gange, l'île est traditionnellement considérée comme l'endroit où les eaux du fleuve sacré se jettent dans la mer. Ci-dessus à droite, fidèles procédant à leurs ablutions matinales et faisant des offrandes au fleuve. Page 126, ascète jouant de l'*ektal*, sorte de harpe monocorde, lors de la fête du Durga-puja. Page 127, offrandes déposées aux pieds de la statue de Durga. Page 128-129, vue de la foule des quelque six cent mille pèlerins qui affluent à l'île de Sagar pour le Durga-puja.*

Autre vue du Durga-puja sur l'île de Sagar. Après s'être purifiés dans les eaux du Gange, les pèlerins font sécher les saris multicolores qu'ils viennent de laver dans le fleuve. Pendant que se déroule le Durga-puja, une autre fête, le Rama-Lila, est célébrée en Inde septentrionale en l'honneur de Rama, qui vainquit les démons grâce à l'aide de Durga. Durant les neuf premiers jours, on peut assister dans les rues à des représentations théâtrales qui mettent en scène divers épisodes de la légende de Rama, et notamment sa victoire sur Ravana en laquelle les Hindous voient un symbole du triomphe du bien sur le mal. Cette fête du Rama-Lila revêt une solennité particulière à New Delhi, où elle se clôture par une immense procession qui traverse la ville jusqu'au parc « Rama-Lila » où l'on a dressé d'imposantes effigies en papier mâché des trois démons, Ravana, Meghanada et Kumbhakarna. Là, les fidèles jettent des pétards et mettent le feu aux statues sous les encouragements de plusieurs dizaines de milliers de spectateurs. Le faste déployé au cours de ces festivités a toujours fait partie de la fascination que l'Inde exerce sur les étrangers. En témoignent ces impressions d'un voyageur italien du nom de Pietro

della Valle, qui visita l'Inde au XVIIe siècle : « ... Après qu'elle eut fait plusieurs fois le tour de l'enceinte intérieure du temple au son d'instruments barbares, la procession sortit sur la place, où l'attendait une foule innombrable. Les fidèles portaient un palanquin sur lequel trônaient deux divinités que j'ai eu de la peine à reconnaître, tant elles étaient chargées de fleurs et d'ornements divers. A la poupe, je crois bien qu'il s'agissait d'Agorescu (Shiva), à qui le temple est consacré, tandis que la proue du palanquin était ornée d'une statue de Parvati ou de l'une de ses autres épouses. En tête marchaient les musiciens, qui jouaient sans interruption. Ensuite, encadrée par des porteurs de torches, venait une longue théorie de danseuses qui marchaient deux par deux, tête nue et parées d'or et de bijoux. Et enfin, fermant la marche, le palanquin des idoles, escorté de porteurs de lances toutes ornées de glands de soie et de banderoles, tout comme les innombrables parasols, plus richement décorés que partout ailleurs, car les Hindous y voient un symbole de la grandeur. De part et d'autre du palanquin des idoles s'avançait, en rang serré, une longue procession de femmes... »

Coucher de soleil sur les sables, à l'endroit où le fleuve sacré, la Ganga Ma des anciens Hindous, vient se jeter dans l'océan après avoir parcouru un trajet de 2 700 kilomètres, qui l'a mené des neiges éternelles de l'Himalaya aux villes les plus saintes de l'Inde. Chaque fils spirituel ne peut que garder en mémoire ces vers du poète Valmiki : « Puissé-je mourir sur tes rives, en buvant de ton eau, en me baignant dans tes flots, en méditant sur ton nom et en levant mes yeux sur toi. »

Chronologie

1500-600 av. J.-C. L'Inde védique. Fin de la civilisation de l'Indus et arrivée des Aryens, originaires d'Iran, dans le N.-O. de l'Inde. Leur domination s'étend ensuite dans la vallée du Gange. Lente assimilation de la culture aryenne par les populations dravidiennes.

Env. 1000 av. J.-C. Rédaction des *Veda*, premiers textes sacrés de l'hindouisme.

600 av. J.-C.-1192 ap. J.-C. L'Inde classique. La plaine gangétique devient le centre de gravité de l'histoire indienne, et le théâtre d'importants phénomènes politiques (empire Maurya et Gupta) ou religieux (naissance, essor et déclin du bouddhisme, apparition du jaïnisme et de l'hindouisme).

Vers 560 av. J.-C. Naissance de Siddhartha Gautama Shakyamuni (le Bouddha) à Kapilavastu, dans l'actuel Népal.

Milieu du VIe siècle Constitution du royaume de Magadha dans la vallée inférieure du Gange.

545-490 av. J.-C. Règne de Shrenika Bimbisara, roi du Magadha et premier souverain bouddhiste de l'histoire.

VIe siècle Début de la rédaction des *Upanishads*, ensemble de textes sacrés où s'affirme la doctrine du bouddhisme.

Vers 480 av. J.-C. Mort du Bouddha et premier concile bouddhique à Rajagriha.

IVe siècle av. J.-C.-IVe siècle ap. J.-C. Composition du *Ramayana* et du *Mahabharata*, épopées sacrées des Hindous.

377 av. J.-C. Second concile bouddhique à Vaishali.

327-325 av. J.-C. Alexandre le Grand dans la vallée de l'Indus.

321 av. J.-C. Chandragupta fonde la dynastie Maurya (321-185). L'empire Maurya devient le plus grand empire indien. Première tentative d'unification du subcontinent indien.

272-231 av. J.-C. Règne d'Ashoka et expansion de l'empire Maurya. Ashoka, converti au bouddhisme, se fait le défenseur et le propagateur de la religion nouvelle. Sa mort marque le début du déclin de l'empire Maurya.

249 av. J.-C. env. Troisième concile bouddhique à Patna.

180-72 av. J.-C. La dynastie Shunga domine la vallée du Gange.

Ier siècle av. J.-C. Naissance du *Mahayana*, ou bouddhisme du Grand Véhicule, dont la doctrine s'oppose à celle du *Hinayana*, ou Petit Véhicule.

Ier-IIIe siècle ap. J.-C. Dynastie des Kouchans, qui atteint son apogée sous le règne de Kanishka (144-168) et favorise la pénétration du bouddhisme en Asie centrale et en Chine.

319-fin du VIe siècle Dynastie des Gupta, fondée par Chandragupta Ier et qui atteindra son apogée sous le règne de Chandragupta II (375-415). Seconde tentative d'unification du subcontinent indien. Mais le morcellement de l'empire et les invasions des Huns provoquent bientôt l'affaiblissement de la dynastie et le déclin de l'empire Gupta. La période Gupta représente l'âge d'or de l'histoire et de la culture indiennes. C'est également à cette époque que l'hindouisme devient la principale religion de l'Inde.

606-647 Règne de Harsha, qui tente de reconstituer l'empire des Gupta en réunifiant l'Inde septentrionale, de Gujarat à l'Orissa. Par la suite, l'Inde sera fractionnée en une série de petits États ou royaumes indépendants.

640-650 Voyage en Inde du pèlerin bouddhiste chinois Hsüan Tsang.

VIIe-IXe siècle Naissance du *Vedanta*, appelé à devenir la plus célèbre école philosophique de l'Inde.

712 La conquête du Sind par les Arabes marque le début de la pénétration islamique en Inde.

998-1030 Mahmud de Ghazna annexe le Panjab.

1186-1206 Mohammed de Ghor défait le prince rajpoute Prithviraja III (1192) et s'empare de Delhi.

1192-1707 *L'Inde musulmane*. La pénétration musulmane en Inde, commencée dès le VIIIe siècle, se consolide au XIIIe siècle avec la création du sultanat de Delhi, auquel succédera à partir de 1526, et jusqu'au XVIIIe siècle, l'empire des Moghols.

1206-1210 Aibek fonde à Delhi la dynastie des Mamelouks (1206-1296).

1296-1320 Règne d'Alauddin Khilji, sultan de Delhi, qui achève la conquête de l'Inde centrale et de la majeure partie du Deccan.

1336-1653 Royaume hindou de Vijayanagar, dernier bastion de l'hindouisme en Inde méridionale.

1451-1526 Règne de la dynastie afghane des Lodi, à Delhi.

1469-1538 Nanak fonde la religion des Sikhs.

1526 Baber, descendant de Tamerlan, défait le sultan de Delhi à Panipat et fonde la dynastie moghole.

1556-1605 Règne d'Akbar, le plus grand des empereurs moghols, qui parvient à étendre sa domination sur l'ensemble de la péninsule indienne.

1658-1707 Règne d'Aurangzeb, dernier des grands empereurs moghols.

1674 Shivaji Bhonsle fonde la dynastie mahratte, qui menace bientôt l'empire moghol et apparaît comme l'une des principales puissances de l'Inde.

1707-1947 *L'Inde coloniale et l'indépendance nationale*. Le XVIIe siècle voit l'effondrement du pouvoir politique musulman en Inde et la dernière tentative d'une unification indenne avec la dynastie des Mahrattes. D'abord portugaise au XVIe siècle, la pénétration européenne se poursuit au siècle suivant avec les Hollandais, les Français et les Anglais. En 1763, le traité de Paris contraint les Français à quitter l'Inde. Après la défaite des Mahrattes (1818), la soumission des Sikhs (1845-1849) et l'écrasement de la Révolte des Cipayes (1857), la Couronne britannique se substitue à la Compagnie des Indes orientales pour assurer le gouvernement du pays. En 1876, la reine Victoria est proclamée impératrice des Indes. Vers la fin du XIXe siècle, un mouvement d'indépendance se constitue autour du Congrès national indien qui aboutira, grâce à Gandhi (1869-1948), à la création de deux États indépendants : l'Union indienne et le Pakistan (1947).

Glossaire

ASHRAM • En sanscrit, « exercice religieux ». Dans l'Inde ancienne, la vie des Hindous se divisait en quatre étapes : initiation, mariage, retraite et ascétisme. Aujourd'hui, le terme désigne plus particulièrement un lieu de retraite religieuse ou philosophique.

ATMAN • Selon la conception hindouiste, l'âme individuelle ou le principe constitutif de la personnalité. Dans les *Upanishads*, l'*atman* est identifié au *Brahman*, ou principe cosmique.

AVATARA • En sanscrit, « descente ». Dans la croyance hindouiste et brahmanique, c'est la descente sur terre d'une divinité, et plus particulièrement de Vishnu, afin de restaurer l'ordre, le Dharma. Vishnu a traditionnellement dix *avatara*, ou incarnations, le Bouddha étant la neuvième d'entre elles.

BHAGAVAD GITA • En sanscrit, « Le Chant du Bienheureux Seigneur ». Poème didactique tiré du *Mahabharata* et qui se présente comme un dialogue entre Krishna, le huitième *avatar* de Vishnu, et le héros Arjuna. C'est l'un des textes les plus célèbres de la littérature brahmanique.

BHAKTI • En sanscrit, « dévotion ». Pratique religieuse consistant, pour un fidèle, à s'abandonner totalement et en toute confiance à une divinité. La *Bhagavad Gita* y voit l'une des trois voies susceptibles de mener au salut.

BODHISATTVA • En sanscrit, « celui qui recherche l'Illumination ». Nom donné par les bouddhistes du Hinayana à ceux qui se dévouent pour le bien de l'humanité, mais qui désigne également le Bouddha dans ses incarnations antérieures et jusqu'à l'Éveil.

BRAHMAN • En sanscrit, « formule sacrée ». Dans la pensée hindoue, c'est le principe cosmique, absolu et inconnaissable, la cause première de tous les êtres vivants. Les spéculations des *Upanishads* sont basées sur l'identification de l'*atman* (le « soi » individuel) et du *Brahman* (le « soi » universel).

BRAHMI • En sanscrit, « écriture divine ». Antique alphabet indien des langues indo-aryennes, c'est la plus ancienne écriture déchiffrée de l'Inde. Le *brahmi*, vraisemblablement dérivé d'un alphabet sémitique, a donné naissance à l'écriture sanscrite *(devanagari)*.

BOUDDHA • En sancrit, « l'éveillé, l'illuminé », terme dérivé de la forme verbale *bodhati*, s'éveiller; nom couramment donné à Siddharta Gautama.

CAITYA • En sanscrit, « lieu saint ». Temple bouddhiste comportant une nef centrale et deux nefs latérales séparées par des colonnades et, plus généralement, tout édifice sacré, temple ou reliquaire. Les premiers *caitya* remontent probablement au règne d'Ashoka (Ajanta, Ellora, Nasik).

CAKRA • En sanscrit, « roue ». Pour le yogi, ce sont les centres d'énergie « subtile » disposés tout au long de la colonne vertébrale. La tradition hindoue fait état de six *cakra* superposés, depuis la région pubienne jusqu'à la fontanelle. Pour les bouddhistes, le terme désigne aussi la « Roue de la Loi » mise en route par le Bouddha.

CANKRAMA • En sanscrit, « sentier sur le fleuve ». C'est l'un des symboles utilisés dans l'iconographie bouddhique pour signaler la présence du maître, avant que celui-ci ne fût représenté sous des traits humains.

DHARMA • En sanscrit, « ce qui maintient ». C'est l'un des concepts essentiels de l'hindouisme, qui désigne tout à la fois l'harmonie qui régit l'univers, et la Loi sous son aspect moral, civil et religieux.

DHYANA • En sanscrit, « méditation ». Technique de concentration mentale qui permet d'atteindre à la vérité suprême.

DUHKHA • En sanscrit, « douleur ». Caractère passager et transitoire de la réalité matérielle, pour les bouddhistes.

GHAT • En hindi, « marche, gradin ». Escaliers construits sur les rives d'un fleuve, et notamment du Gange, pour en faciliter l'accès, et sur lesquels les fidèles procèdent aux ablutions et à la crémation des morts.

GOPI • En sanscrit, « vachère » (« go » désignant la vache). Terme servant à désigner les compagnes de Krishna, lorsque celui-ci était l'incarnation de Vishnu, mais aussi l'âme qui cherche à s'unir à la divinité par l'amour mystique.

HINAYANA • En sanscrit, « Petit Véhicule ». C'est la plus ancienne école bouddhique, et la plus proche de l'enseignement du maître.

JATAKA • En pali, « naissance ». Recueil de 547 récits relatifs aux vies antérieures du Bouddha. Les *jataka* ont largement inspiré l'iconographie bouddhique primitive.

KARMA • En sanscrit, « action ». Dans la théorie de la réincarnation, c'est la somme des actions accomplies au cours de la vie présente et des vies antérieures, et qui conditionne les existences futures.

KUNDALINI • Énergie cosmique immanente et inhérente à tout être humain.

LINGA • En sanscrit, « signe ». Symbole évoquant l'organe sexuel masculin, et plus particulièrement le phallus du dieu Shiva.

LOKAPALA • En sanscrit, « gardien ». Nom donné aux divinités mineures de l'hindouisme et du bouddhisme. Dans la littérature sacrée hindoue, ce sont les gardiens des quatre points cardinaux et des quatre points intermédiaires.

MAHABHARATA • Poème épique indien. Composée d'environ 100 000 stances qui se divisent en 18 livres, c'est la plus grande épopée de toute la littérature mondiale. Son élaboration a demandé près de huit siècles (du IVe siècle av. J.-C. au IVe siècle de notre ère). Le thème central en est la guerre qui a opposé les deux branches d'une ancienne dynastie indienne, les Kaurava et les Pandava.

MAHAYANA • En sanscrit, « Grand Véhicule ». Autre grande secte du bouddhisme, qui s'est surtout répandue au Népal, au Tibet, en Corée et au Japon. A la différence du Hinayana, qui aspire surtout au salut individuel, le Mahayana prône la libération de tous les êtres qui souffrent.

MANTRA • En sanscrit, « instrument de pensée ». Formule sacrée, composée de syllabes mystiques, qui sert à soutenir la concentration et la méditation. Le *mantra* étant d'essence divine, son efficacité n'est pas liée à la participation intérieure de celui qui le prononce.

MAYA • D'après le *Vedanta*, c'est l'apparence trompeuse et illusoire du monde (« l'illusion cosmique »), fruit de l'ignorance, opposée à la Réalité Absolue, ou *Brahman*.

MOKSHA • En sancrit, « libération ». Les hindouistes et les bouddhistes désignent ainsi le moment où l'homme parvient à se libérer du cycle de la réincarnation.

NIRVANA • En sanscrit, « extinction ». État spirituel qui se caractérise par l'abolition de toute pensée, de toute volonté et de toute sensation, et grâce auquel on parvient à se libérer du cycle des renaissances.

OM • Dans la tradition hindouiste, syllabe sacrée qui renferme à elle seule l'essence mystique de l'univers.

PALI • Langue ancienne de l'Inde centrale appartenant à la famille des langues indo-européennes et utilisée par les premiers sectateurs du bouddhisme (secte *Theravada*).

PARINIRVANA • En sanscrit, « extinction complète ». Terme servant à désigner la mort physique du Bouddha et l'interruption du cycle des réincarnations.

PRADAKSHINA • En sanscrit, « déambulation ». Ambulation rituelle, dans le sens des aiguilles d'une montre, autour d'un sanctuaire ou d'un lieu de culte, mais aussi d'un lieu de pèlerinage à un autre, comme par exemple des sources du Gange à l'embouchure et vice-versa.

PRANA • En sanscrit, « souffle vital ». Dans la doctrine yoga, c'est la force vitale de l'univers qui, à l'échelle du corps humain, se trouve canalisée dans les deux canaux subtils, l'Ida et le Pingala.

PURANA • Recueils de poèmes épiques et religieux, composés pour la plupart avant le ve siècle de notre ère, et centrés sur les divinités de Brahma, Vishnu et Shiva. Leur caractère encyclopédique en fait le plus vaste répertoire de la mythologie indienne.

RAMAYANA • Poème épique indien composé de 24 000 stances et divisé en 7 livres. Rédigé entre le IVe siècle av. J.-C. et le IIe siècle de notre ère, il est traditionnellement attribué au poète Valmiki et relate les exploits du héros Rama, la septième incarnation de Vishnu.

SAMSARA • Cycle de la transmigration des âmes dans les religions indiennes.

SANGHA • En sanscrit, « réunion, assemblée ». Désigne la communauté religieuse créée par le Bouddha.

SANNYASA • En sanscrit, « renoncement ». Dans la société hindouiste, le quatrième stade de la vie religieuse marqué par un renoncement total au monde au profit d'une vie ascétique.

SANSCRIT • Langue indo-européenne attestée dès le Xe siècle av. J.-C. On distingue généralement trois périodes : le sanscrit védique, épique et classique.

SHAKTI • En sanscrit, « énergie ». Dans l'hindouisme, c'est à la fois l'énergie féminine et la force créatrice des divinités mâles.

SOMA • Breuvage sacré des anciens Aryens. Divinisée et identifiée à la lune, cette liqueur jouait un rôle important dans les cérémonies religieuses, et était censée conférer l'immortalité aux esprits des ancêtres défunts.

STÛPA • En sanscrit, « monticule ». Sanctuaire ou reliquaire bouddhique dont la structure est dérivée des monuments funéraires préhistoriques. Construits en pierres ou en briques, de forme hémisphérique, les stûpas contiennent généralement une pièce intérieure où étaient conservées une ou plusieurs reliques.

SUSHUMNA • Dans la théorie du corps « subtil » ou mystique, canal très fin situé au centre de la colonne vertébrale, à la base de laquelle se trouve emmagasinée la *kundalini.*

TIRTHA • En sanscrit, « gué ». A l'origine, terme désignant les lieux de pèlerinage situés au confluent de deux fleuves, à proximité d'un lac sacré, d'un bassin rituel, etc. Par extension, il en est venu à désigner les sanctuaires et les villes saintes situés à proximité puis, d'une façon générale, tout lieu de pèlerinage.

TORANA • En sanscrit, « portail ». Portique décoré à l'entrée des temples indiens, et notamment des stûpas bouddhiques, comprenant deux pilastres et deux ou trois architraves, le plus souvent décorées de bas-reliefs d'inspiration religieuse.

UPANISHAD • En sanscrit, « enseignement secret recueilli aux pieds du maître ». Ensemble de textes anciens d'inspiration philosophique et religieuse, qui constituent la dernière partie des *Veda.* On estime qu'ils furent composés entre 700 et 550 av. J.-C.

VEDA • En sanscrit, « savoir ». C'est le plus ancien ensemble de textes sacrés, et la base de toute la religion hindoue. Quoique difficile à évaluer, la date de leur composition ne doit pas être postérieure au second millénaire av. J.-C. Les *Veda* proprement dits se composent de quatre recueils (le *Rigveda,* ou *Veda* des stances, le *Yajurveda,* ou *Veda* des formules rituelles, le *Samaveda,* ou *Veda* des chants liturgiques, et l'*Atharvaveda,* ou *Veda* des formules magiques) auxquels il faut ajouter les *Brahmana,* commentaires brahmaniques sur les rites, et les spéculations philosophiques et religieuses des *Upanishads.*

VEDANTA • En sanscrit, « fin des *Veda* ». Système philosophique fondé sur une interprétation littérale des *Upanishads* et professant que la réalité n'est qu'une grande illusion cosmique.

VIHARA • A l'origine, monastère bouddhique consistant en une série de grottes disposées autour d'une cour centrale. Par la suite le terme s'est appliqué à tout monastère bouddhique.

YOGI • Se dit de tout adepte du yoga pour qui la libération spirituelle passe par une parfaite maîtrise du corps et de l'esprit.

Index

Bibliographie

J. Auboyer, *Arts et styles de l'Inde,* Paris, 1951.

A. Bareau, *Les Religions de l'Inde. Bouddhisme,* Paris, 1966.

D. Barrett et B. Gray, *La Peinture indienne,* Genève, 1963.

J.-L. Borges et A. Jurado, *Qu'est-ce que le bouddhisme?,* Paris, 1979.

A. Daniélou, *Le Polythéisme hindou,* Paris, 1981.

M. Eliade, *Le Yoga. Immortalité et liberté,* Paris, 1977.

J. Filliozat, *Inde. Nation et traditions,* Paris, 1961.

J. Gonda, *Les Religions de l'Inde,* 2 vol., Paris, 1965-1979.

J. Herbert, *L'Hindouisme vivant,* Paris, 1975.

D.D. Kosambi, *Culture et civilisation de l'Inde ancienne,* trad. fr., Paris, 1970.

O. Lacombe, *l'Absolu selon le Vedanta,* Paris, 1937.

J. Monchanin, *Mystique de l'Inde, mystère chrétien,* Paris, 1974.

M. Percheron, *Le Bouddha et le bouddhisme,* Paris, 1956.

W. Rahula, *L'Enseignement du Bouddha d'après les textes les plus anciens,* Paris, 1978.

L. Renou, *Les Hymnes spéculatifs du Véda,* Paris, 1956.

L. Renou, *L'Hindouisme,* Paris, 1979.

A. Schweitzer, *Les Grands Penseurs de l'Inde,* Paris, 1951.

CRÉDIT PHOTOGRAPHIQUE

Kodansha : 53, 56, 59, 61, 86, 88, 91, 101, 104, 107

Koezuka, Takashi : 50, 55, 57, 58, 76-77, 78, 82, 85, 87, 93, 94-95, 96, 97, 98, 99, 100, 102-103, 105

Ohta, Yasuhiro : 6, 65, 67, 79, 80

Taeda, Mikihiro : 62

Tamura, Hitoshi : 2-3, 17, 18, 19, 20, 21, 22, 23, 24, 25, 26-27, 28, 29, 30, 31, 32, 33, 34-35, 36, 37, 38, 39, 40, 41, 42-43, 44, 45, 46, 47, 48, 66, 68, 69, 70, 71, 72-73, 74, 75, 109, 110-111, 112-113, 114, 115, 116, 117, 118, 119, 120-121, 122-123, 124, 125, 126, 127, 128-129, 130-131, 132

Ce volume
de la collection
LES HAUTS LIEUX DE LA SPIRITUALITÉ
réalisé sous le contrôle technique
de Françoise Scias
a été imprimé sur les presses
de Mondadori à Vérone
pour le compte des
Éditions Robert Laffont
à Paris

Numéro d'éditeur : 5725
Dépôt légal : Décembre 1984